Manía epistolar

E. M. Cioran

Manía epistolar

Cartas escogidas, 1930-1991

Edición de Nicolas Cavaillès

Traducción de Juan Vivanco Gefaell

taurus

Papel certificado por el Forest Stewardship Council®

Penguin
Random House
Grupo Editorial

Título original: *Manie épistolaire. Lettres choisies 1930-1991*

Primera edición: septiembre de 2025

© 2024, Centre national du livre / Éditions Gallimard, París
© 2025, Penguin Random House Grupo Editorial, S.A.U.
Travessera de Gràcia, 47-49. 08021 Barcelona
© 2025, Juan Vivanco Gefaell, por la traducción

Printed in Spain – Impreso en España

ISBN: 978-84-306-2749-3
Depósito legal: B-12.104-2025

Compuesto en MT Color & Diseño, S. L.
Impreso en Rotoprint By Domingo, S. L.

TA2 7 4 9 3

ÍNDICE

PRÓLOGO[1]

Como he tenido la suerte de no haber practicado nunca un oficio ni trabajado en libros serios, he dispuesto a lo largo de los años de muchísimo tiempo, favor reservado, en principio, a los vagabundos y las mujeres. Vagabundos los hay cada vez más, pero no se dignan a escribir; en cuanto a las mujeres, hoy van a la oficina, infierno idiotizante. La carta como *género* está amenazada, porque eran ellas las que sobresalían en él. Hoy no se concibe a una madame du Deffand, si no la más grande, seguramente la más *profunda* de las epistológrafas. Ciega e insomne, dictaba a su secretario hasta altas horas de la noche sus misivas, cuyos principales destinatarios fueron Voltaire y Walpole. Nunca se ha dicho nada tan agudo sobre la más devastadora de las experiencias: la del hastío, privilegio, justamente, de quienes dicen disponer de *todo* su tiempo. Aburrirse es mucho más duro que trabajar, aunque sea en el fondo de una mina, aburrirse es registrar la nulidad de cada instante con la certeza de que el siguiente va a ser aún más nulo.

La carta, conversación con un ausente, es un gran acontecimiento de la soledad. Para saber la verdad sobre un autor, más que en su obra hay que buscarla en su correspondencia. La obra, la mayoría de las veces, solo es una máscara. Nietzsche,

[1]   Texto publicado en 1985 en *2 plus 2. A Collection of International Writing* (Lausana, Mylabris Press); reproducido en octubre de 1993 en *La NRF* (n.º 489).

en sus libros, representa un papel, se erige en juez y profeta, ataca a amigos y enemigos y se sitúa, orgullosamente, en el centro del futuro. En sus cartas, en cambio, *se queja*, es miserable, desvalido, enfermo, infeliz, lo contrario de lo que era en sus implacables diagnósticos y vaticinios, auténtica suma de diatribas.

Soy incapaz de releer las novelas de Flaubert; sus cartas, en cambio, siempre están vivas. No se dirá lo mismo, excepción trágica, de las de Proust, exasperantes hasta lo indecible, insoportablemente ceremoniosas, escritas por un hombre mundano que quería esconder su vida a toda costa. Nunca he intentado releer una sola, mientras que los dos últimos volúmenes de *En busca del tiempo perdido*, *El tiempo recobrado* —que son lo más sutil que se ha escrito sobre la ignominia de envejecer—, los he leído y releído con una avidez casi convulsiva.

Dejemos los grandes ejemplos. En este ámbito, donde la indiscreción es la regla, cada cual ha vivido sus experiencias personales y es legítimo hablar de uno mismo sin caer necesariamente en el pecado del orgullo. Al haber tenido la ventaja, como dije antes, de ser un desocupado, he escrito un número considerable de cartas. La mayoría se han perdido, sobre todo las de mi juventud. Si lo lamento no es porque tuvieran el menor valor objetivo, sino porque solo a través de ellas habría podido reencontrar al que era yo antes de mi llegada a Francia, con veintiséis años. Como me falta el único recurso que tengo para reconstruir a ese personaje, solo guardo de él una imagen abstracta. Vivía en una ciudad de provincias desde donde escribía a una amiga de Bucarest, actriz y... metafísica, largas cartas sobre mi condición de loco sin locura, que es el estado de cualquiera a quien le ha abandonado el sueño. Pues bien, ella acabó contándome, hace unos años, que había arrojado al fuego, con una zozobra muy poco metafísica, mis lucubraciones epistolares. Desapareció así el único documento crucial sobre mis años infernales. Los cinco libros que había escrito en rumano en esa época me resultan más o menos ajenos y me parecen a la vez vivos e ilegibles. En el fondo los libros son accidentes; las cartas, sucesos: de ahí su soberanía.

Las importantes, mucho más que las nuestras, son las que recibimos. En 1949, cuando publiqué *Précis de décomposition* [*Breviario de podredumbre*], mi primer libro en francés, en la buhardilla de un hotel del Barrio Latino recibí de una desconocida una carta exaltada hasta el delirio que en ese momento me hizo decir: «Después de esto es inútil seguir escribiendo. Tu carrera ha terminado». Fue una sensación de apogeo y de final. Febril, con el corazón palpitante, salí a la calle, incapaz de permanecer solo más tiempo. Mi existencia de eterno estudiante acababa de cobrar un sentido. La autora de esa epístola, una provinciana muy joven, a la que vi más tarde una sola vez, me dio en aquella ocasión detalles inauditos sobre su vida que no me está permitido revelar.

Al holgazán, el intercambio epistolar le da la ilusión de la actividad. No hay nada con que se ufane más que llevando cada día una carta al correo. Durante mucho tiempo mantuve una correspondencia *sin objeto* con toda clase de chiflados. Pero es con las mujeres, chifladas o no, con quienes el carteo tiene su miga, porque con ellas nunca se sabe. Desde hacía más de un año una señora me colmaba regularmente de elogios desmesurados, ditirambos que os harían palidecer de vergüenza. No la conocía y no tenía ningunas ganas de conocerla. Una tarde, sumido en ideas negras, sentí de pronto la necesidad de oír mentiras agradables, tranquilizadoras, capaces de alejar los argumentos, insidiosos y convincentes, del desprecio a uno mismo. Así que llamé a la señora. Primera sorpresa: una voz acariciadora, irresistible. Le dije que me encantaría charlar un poco con ella. Una hora después estaba delante de mi puerta. Al verla me eché a reír, lo que no pareció molestarle. Era una vieja encorvada, bajita, casi enana, con un vestido extravagante, y además llevaba gafas oscuras. La invité a pasar y le dejé que hablara. De pie, durante *cuatro* horas, me contó su vida y milagros con profusión de gestos y detalles (no se le quedó nada en el tintero, ni siquiera la noche de bodas), con un talento inesperado y un lenguaje ora refinado, ora crudo, que me hicieron pasar de la consternación al enternecimiento y del asco a la complicidad. ¡Lástima que sea el único que saborea esas maravillas y esos horrores!, me repetía yo todo el tiempo. No hace falta aclarar que permanecí casi mudo toda la velada. ¿Qué fue lo que me llevó a presenciar esa actuación excepcional? Mi curiosidad morbosa por la gente, mi manía de escribir cartas y contestar a las que me escriben. Ahora ya no puedo contar con esa manía, me ha abandonado, y esta deserción me ha enseñado, mucho más que cualquier otro síntoma, que a partir de ahora debo conformarme con el papel vergonzoso del superviviente.

E. M. Cioran
París, 1984

NOTA SOBRE LA EDICIÓN

Cioran tenía diecinueve años cuando escribió la primera carta, setenta y nueve cuando firmó la última de las ciento sesenta y una de esta antología. Mantener correspondencia, en los tres idiomas que manejaba (el rumano, el alemán y el francés), fue algo que lo acompañó durante toda su vida, desde las grandes congojas del joven filósofo de Transilvania hasta el largo epílogo de sus años de vejez parisina, pasando por los momentos más intensos de su itinerario espiritual, antes y después del exilio. Seleccionadas de entre un corpus de varios miles de misivas personales, las cartas que se presentan aquí —dirigidas a su familia, a sus amigos, a sus pares, a sus lectores y a sus críticos— muestran a Cioran en (casi) todas las edades de su vida y con frecuencia le sorprenden en la tesitura paradójica de un *pensador privado* que se implica en las desventuras de sus contemporáneos, compartiendo sus angustias y relacionándolas con las suyas. Algunas páginas son claros ejemplos de la *coincidentia oppositorum* que «desgarraba» a este nihilista singular: la carta a su hermano menor en la que «el discípulo de las santas» gasta toda su energía en apartar al joven de la vida religiosa; la confesión de 1947 en la que el trotacalles del Barrio Latino afirma, en pleno viraje personal y existencial, «ya no soy el mismo»; las cartas *galantes* que un septuagenario, aún a tiempo de una última primavera, le escribe a una mujer joven; o también las palabras de consuelo con que el cantor de la desesperación de vez en cuando trataba de levantarle la moral a alguien.

El aparato crítico se ha reducido a lo esencial, sobre todo porque la mayoría de las cartas pueden leerse con independencia de su contexto y su contenido sobrevuela ampliamente sus circunstancias. De todos modos, la nota biográfica que incluimos aquí recordará las principales fechas del destino de Cioran.

Las cartas de entre 1930 y 1940 se han traducido del rumano. Después de 1940, Cioran se cartea en francés, aunque sigue escribiéndoles en rumano a sus padres, a Jeni Acterian, a Petre Ţuţea, a Mircea Vulcănescu, a Petru Comarnescu en 1941, a Constantin Noica hasta 1943 y a su hermano en 1947. Las cartas a Wolfgang Kraus, Friedgard Thoma y Cornelius Hell se han traducido del alemán.

Cerca de dos tercios de estas cartas permanecen inéditas en Francia. Las fuentes y ediciones anteriores se indican al final del volumen.

NICOLAS CAVAILLÈS

NOTA BIOGRÁFICA

Emil Cioran nació el 8 de abril de 1911 en Rășinari, cerca de Sibiu, en la Transilvania rumana, región que por entonces pertenecía el Imperio austrohúngaro. Tenía una hermana mayor, Virginia, y un tercer hermano, Aurel, nació en 1914. Después de asistir durante cuatro años a la escuela de su pueblo, Emil ingresó en el liceo Gheorghe-Lazăr de Sibiu; sus padres lo alojaron en una pensión sajona. En 1924 nombraron a su padre protopope y consejero metropolita de la catedral de Sibiu. Emil dejó la pensión y volvió a vivir con su familia, que se mudó de Rășinari a Sibiu. Después del bachillerato (1928) se matriculó en la Universidad de Bucarest, en la sección de Filosofía. Se licenció en 1932 con mención *magna cum laude*; su tesina de licenciatura versó sobre Bergson y el «intuicionismo contemporáneo».

Becario de la Fundación Humboldt por un proyecto de tesis en el que no trabajó, vivió en Alemania (Berlín, Múnich y Dresde) entre 1933 y 1935; serían sus años de más ferviente compromiso político, marcado por la redacción de artículos en los que llama a la «transfiguración» de Rumanía, con un radicalismo inspirado en la Guardia de Hierro rumana y el nacionalsocialismo hitleriano. En 1934, por el manuscrito *Pe culmile disperării* [*En las cimas de la desesperación*] recibió *in absentia*, en Bucarest, el premio al Joven Escritor de la Fundación para la Literatura y el Arte del rey Carlos II, que editó el libro. Entre febrero y marzo de 1935, pasa su primera temporada en París. El 9 de noviembre empezó su servicio militar en artillería, en Sibiu. En 1936, la editorial Cugetarea de Bucarest publicó su segunda obra, *Cartea amăgirilor* [*El libro de las quimeras*]. En el otoño, Cioran empezó a dar clases de filosofía en el liceo Andrei-Şaguna de Braşov. Escribió *Lacrimi şi sfinţi* [*De lágrimas y de santos*] en el aislamiento de una casa encaramada sobre la ciudad. En diciembre, la editorial Vremea, de Bucarest, publicó *Schimbarea la faţă a României* [*Transfiguración de Rumanía*]; este libro, culminación de tres años de fervor político, es un panfleto nacionalista y sedicioso, marcado también por un antisemitismo explícito. Tras la Segunda Guerra Mundial Cioran renegaría de él.

Mientras se disponía a regresar a Braşov recibió una beca doctoral del Ministerio de Asuntos Exteriores francés. Su proyecto de tesis versaba sobre «las condiciones y los límites de la intuición» y más concretamente sobre «la función gnoseológica del éxtasis» y «el sentido de la filiación Plotino-Eckhart-Bergson». Llegó a París a finales de noviembre de 1937 y se instaló en un hotel del distrito quinto. (Le prolongaron esta beca en dos ocasiones). *De lágrimas y de santos* se publicó en Rumanía, tras su partida, como «edición del autor», porque en el último momento el editor Vremea no quiso que su nombre se relacionara con el libro. Cioran pasó los años 1938 y 1939 recorriendo Francia en bicicleta; en un «Informe sobre [su] actividad universitaria» presentó la nueva orientación de su proyecto de tesis, hasta entonces centrado en «la idea del mal y del pecado en Nietzsche y Kierkegaard», y que se redujo al «conflicto de la conciencia y la vida en Nietzsche»; pero no trabajó en él. En 1940, la editorial Dacia Traiana publicó en Sibiu *Amurgul gândurilor* [*El ocaso del pensamiento*]. Tras una breve estancia en Rumanía, Cioran regresó a París. El 6 de septiembre, en Bucarest, se produce golpe de Estado de Ion Antonescu con la ayuda de la Guardia de Hierro contra el rey Carlos II. Cioran tuvo que volver a Rumanía a finales de noviembre por orden de la legación real de Rumanía en Francia. En febrero de 1941, nombrado «consejero cultural» de la legación rumana de París, lo envían a Vichy; tras dimitir en mayo, regresa a París. En otoño, como becario de la École roumaine de France, en Fontenay-aux-Roses, se alojó en el hotel Racine (distrito sexto de París); su beca se prolongó hasta 1944. Durante este periodo trabajó en varios libros en rumano (*Îndreptar pătimaș* [*Breviario de los vencidos*], *Despre Franța* [*Sobre Francia*], *Razne* [*Extravíos*], etcétera). En 1942 conoció a Simone Boué en un comedor universitario; nacida en 1919, por entonces preparaba la oposición a cátedra de inglés. Cioran y ella nunca se separarían. En 1943 se publicaron sus dos primeros artículos en francés en *Comœdia* y un último artículo en Rumanía, en el diario *Seara* de Bucarest.

Después de la guerra, pese a la ayuda económica de varios amigos y una beca del Ministerio de Educación Nacional rumano, Cioran seguía viviendo con grandes estrecheces. Aun así, se propuso no volver a dar clase en Rumanía y desde principios de 1946 se enfrascó en la escritura de su primer libro en lengua francesa, alojado en un apartamento de dos habitaciones del hotel Majory, en el número 20 de la rue Monsieur-le-Prince. Durante el verano de 1946, Cioran se fue a vivir solo en una casa de Offranville, a varios kilómetros de Dieppe. Mientras traducía poemas de Mallarmé al rumano tomó la tajante decisión de escribir solo en francés y renunciar definitivamente a su lengua materna. De vuelta a París, en otoño terminó una primera versión de su primer libro en francés, el futuro *Précis de décomposition* [*Breviario de podredumbre*]. El 30 de diciembre de 1947 se proclamó la República Popular en Rumanía. Entre 1948 y 1949, Cioran publicó «Fragmente» [«Fragmentos»] y «Razne» [«Extravíos»], firmados con las iniciales «Z. P.», en el primer número de *Luceafărul*, revista del exilio rumano en París; fueron sus últimos textos en lengua rumana. En 1949 se publicó *Breviario de podredumbre* en Gallimard, en la colección Les Essais, que el autor firmó como «E. M. Cioran» aunque no tenía un segundo nombre de pila. En 1950 le concedieron el Premio Rivarol. Cioran viajó a España, adonde siguió volviendo; fue su primera salida de Francia desde que rompiera administrativamente con Rumanía. Como tampoco era ciudadano francés, solo poseía un «pasaporte Nansen», «certificado de identidad y de viaje» entregado por la Sociedad de Naciones a los refugiados apátridas. En 1952 se publicó *Syllogismes de l'amertume* [*Silogismos de la amargura*] (Gallimard, colección Les Essais). La Securitate, policía secreta de la República Popular de Rumanía, abrió en 1954 un expediente de vigilancia a Cioran con fichas sobre él y sus allegados, cartas interceptadas, transcripciones de conversaciones y testimonios de visitantes; este expediente permanecería abierto hasta mayo de 1990. Cioran fue nombrado director de la colección Cheminements de la editorial Plon, función que desempeñaría hasta 1963 (seis libros publicados). En 1956 se publicó *La Tentation d'exister* [*La tentación de existir*] (Gallimard, colección Les Essais). El mismo año la insurrección de Budapest dio pie al intercambio de cartas entre Cioran y Constantin Noica, que desembocó en su «Lettre à un ami lointain» [«Carta a un amigo lejano»] (*La NRF*, agosto de 1957). En 1957 se publicó la antología *Joseph de Maistre. Textes choisis et présentés par E. M. Cioran* en Éditions du Rocher, de Mónaco. Cioran declinó el Premio Sainte-Beuve. El 11 de diciembre, Constantin Noica fue detenido y encarcelado, junto con otros veintidós intelectuales rumanos (entre ellos Arşavir Acterian). La lectura y divulgación de la «Carta a un amigo lejano» y *La tentación de existir* figuraban entre las principales acusaciones. En 1960 se publicó *Histoire et utopie* [*Historia y utopía*] (Gallimard, colección Les Essais). Gracias a la ayuda de una lectora, Simone y Cioran compraron una buhardilla en el número 21 de la rue de l'Odéon; siempre vivirían allí. En 1961, Cioran rechazó el Premio Combat. En 1964 apareció *La caída en el tiempo* (Gallimard, colección Les Essais). En 1965 se reeditó *Précis de décomposition* en formato de bolsillo en la colección Idées de Gallimard. En 1969 se publicaron *Le Mauvais Démiurge* [*El aciago demiurgo*] (Gallimard, colección Les Essais) y «Valéry face à ses idoles» en *La NRF*. En 1963 se publicó *De l'inconvénient d'être né* [*Del inconveniente de haber nacido*] (Gallimard, colección Les Essais). En 1974, el régimen franquista prohibió y secuestró *El aciago demiurgo*, en traducción de Fernando Savater, obra que no se publicaría hasta cinco años después, muerto ya Franco. En 1977, Cioran rechazó el Premio Roger-Nimier por el conjunto de su obra. En 1979 se publicó *Écartelement* [*Desgarradura*] (Gallimard, colección Les Essais). La Securitate urdió en 1981 un plan para hacer que Cioran volviera a Rumanía, sobre todo por mediación de su hermano (que se negó a colaborar). Desde 1960, los informadores de la Securitate (algunos de ellos viejos amigos, como Petru Comarnescu) vigilaron con regularidad a Cioran sin que él lo supiera. El 14 de abril de 1981, Cioran conoció en París a Friedgard Thoma, con la que mantenía correspondencia desde febrero. Cioran, a su vez, la visitó en Colonia del 8 al 10 de mayo. La relación, sobre todo epistolar, duró hasta julio. En 1986 se publicaron *Exercices d'admiration* [*Ejercicios de admiración*] (Gallimard, colección Arcades) y *Des larmes et des saints*, traducido del rumano por Sanda Stolojan (L'Herne, colección Méandres); la traductora trabajó bajo el control del autor, que suprimió cerca de dos tercios del texto original. A partir de entonces, Cioran autorizó la traducción al francés de otros libros suyos escritos en rumano. En 1987 se publicó *Aveux et anathèmes* (Gallimard, colección Arcades), después de *Exercices d'admiration*, segundo gran éxito comercial. *L'Élan vers le pire*, selección de veinte aforismos inéditos, se publicó en 1988 en Gallimard. Sería el último libro de Cioran, que tomó la decisión de no escribir más. Ese mismo año rechazó el Grand Prix Paul-Morand de la Academia Francesa. En 1990, la editorial Humanitas de Bucarest reeditó *Schimbarea la față a României* [*Transfiguración de Rumanía*] (1936); el autor renegó de varios pasajes del texto original (sobre todo de los referentes a los judíos), que fueron suprimidos, y esta edición «definitiva» se abrió con una advertencia de Cioran denunciando un texto escrito con «pasión y orgullo» que, de todos sus libros, es el más «ajeno» a él. El 5 de marzo de 1993, Cioran se fracturó el fémur al caerse en su casa. Fue internado en el hospital Cochin y luego en el hospital geriátrico Broca, del que ya no saldría vivo. Se sumió lentamente en la inconsciencia.

Cioran murió el 20 de junio de 1995. Está enterrado en el cementerio de Montparnasse.

N. C.

CORRESPONDENCIA

1 — A Bucur Ţincu[2]

Bucarest,
2 de noviembre de 1930

Querido amigo:

Escribo estas líneas desde un café cualquiera de la capital, porque en casa hace frío y tal como estoy de enfermo en este momento ya no soy capaz de leer, y menos aún con frío. Como la biblioteca cierra los domingos, me veo obligado a perder el tiempo, con la mirada perdida, como cualquier golfo indolente que se rinde a la melancolía y se dedica a la contemplación existencial.

El hecho de que la vida no me ofrezca nada propio de la condición burguesa, ni ningún encierro en un marco rígido e indestructible que me haga perder el contacto directo con la realidad, este hecho, decía, posee a mi juicio, más allá de sus inconvenientes, ciertas características de una vitalidad fecunda. Si me permito atribuirme un mérito, una cualidad personal, solo puede ser mi aguda sensibilidad hacia la realidad, fruto de haber eliminado toda ilusión. No me permito ningún ideal, ningún sueño, ninguna exaltación. La observación realista de la existen-

---

[2] Bucur Ţincu (1910-1987), ensayista rumano, a la sazón estudiante en Cluj-Napoca, era un amigo de infancia de Cioran, lo mismo que sus hermanos Petru y Ştefan, oriundos del mismo pueblo, Răşinari.

cia me parece mucho más sublime que su exaltación pueril. Nunca he podido incluirme entre los tipos activos y apasionados; los tipos contemplativos y fríos me han gustado mucho más. Hay quien dice que es malo ser así. Qué más da, si a mí me conviene. Y además, ¿en nombre de qué fatalidad habría que encerrarse uno en la estructura de un carácter específico?

Para mí todo se reduce a entender la vida. Ahora bien, para eso hay que tener una existencia menos burguesa, se necesita un alma atormentada, que sufra, que sufra intensamente, un alma que viva su vida mientras la observa, etcétera.

Ya te he dicho que lo ideal, para mí, sería una antropología que no se limitara a incluir los datos científicos, sino también, y sobre todo, un intento de caracterología. Es un deseo que por ahora no puedo cumplir; para arriesgarse a semejante empresa hay que tener una rica experiencia vital.

Hoy solo me preocupan los problemas de filosofía pura: el espacio, el tiempo, la causalidad, el número, etcétera, que me han resultado en especial afines. He renunciado categóricamente a toda filosofía sentimental, a los cuestionamientos fragmentarios y estériles que no conducen más que a lamentos y exclamaciones patéticas. Las materias «áridas», cuando te enfrentas intensamente a ellas, cobran un contenido vivaz. Para mí el mejor modo de vencer la melancolía es recurrir a problemas abstractos e impersonales. Es un método admirable para superar las asperezas de la vida y olvidar lo que le falta a una existencia individual. La filosofía tal como la profesé hasta ahora no era propiamente filosofía. Decir de la vida que es dinamismo, tensión, impulso, o que es buena o mala, no es filosofar. Son simples exclamaciones o apreciaciones que uno debería permitirse solo al final de ciertas indagaciones. Cuando la vida te disgusta no debes recurrir a Baudelaire, sino a un estudio de Leibniz sobre la extensión a la crítica, por ejemplo, del principio de causalidad de Hume o, si lo que quieres es algo aún más interesante, a los argumentos de Zenón contra el movimiento. Hablo por experiencia propia. ¿Cómo vas a combatir la tristeza con la tristeza, cómo vas a luchar contra ella con la poesía? Por paradójico que parezca, tengo que decirte que a mi juicio las personas tristes deberían dedicarse a las matemáticas y desdeñar la filosofía. Solo la objetividad de las matemáticas puede vencer el subjetivismo de la inspiración poética o el lirismo de la tristeza; y por el mismo motivo hace ya tiempo dejé de leer libros que tratan de problemas sociales, que me sumían en una anarquía total. Algún día tendré que reanudar su lectura. Pero antes tengo que aclarar varias cosas en el ámbito de la metafísica, que me hace abrigar muchas dudas y a la que le aguarda un futuro muy problemático.

Lo que te pido que me cuentes en tus cartas se refiere más bien a las personas y a tus orientaciones íntimas en el campo filosófico. Como ves, he renunciado a la teoría en pro de los detalles que, aunque no tengan importancia, al menos son interesantes.

Un cordial saludo,

EMIL CIORAN

2 — A BUCUR ȚINCU

Bucarest,
23 de noviembre de 1930

Querido amigo:

El hecho de que me hayas escrito tu postal tan irritado por las preocupaciones que me contaste en tu carta anterior tiene, sin duda, mucho sentido. Si no me equivoco, la universidad te había impuesto ese tema sobre la relación entre el arte y la moral, tema que a ti, tras un examen posterior, te pareció vacuo o, por lo menos, anacrónico. Tal ha sido, quizá, el proceso que te ha llevado a esta rectificación que yo, he de confesar, estaba esperando, pero muy vagamente, sin saber muy bien por qué. La esperaba porque sé que te tienen sin cuidado los problemas anticuados y las cuestiones intempestivas. Las relaciones entre el arte, la moral y la religión forman parte de esa clase de problemas que ya no hablan a nuestra conciencia como lo hacían a la de nuestros predecesores. Este problema, además de ser obsoleto, contiene un elemento que lo hace ajeno a nosotros: carece de fecundidad, de atractivo. Y para un hombre joven, un problema estéril supone el encierro dentro de unos límites insuperables, la negación de su espontaneidad y su osadía.

Este problema aún se planteaba cuando la filosofía de la vida atacó a la moral, considerada como una serie de principios normativos que estaban por encima de la historia y el individuo. Entonces la filosofía de la vida mostró que no es el elemento normativo de la moral lo que debe prevalecer y guiarnos, sino la espontaneidad concreta de la vida. La moral debía decidir: o se mantenía fiel al viejo espíritu formado en el normativismo judeocristiano (en la cultura griega no hay esa dualidad *moral-vida*), o se ajustaba a las tendencias de la experiencia inmediata del hombre. Resultado: la moral tuvo que ceder. ¿Qué pasa con el arte? En cualquier álbum de pintura se pueden ver cuáles son sus elementos característicos, más o menos hasta mediados del siglo XIX; es decir, la tiranía que ejerció la moral en el ámbito artístico. En ningún caso la estupidez de la moral ha sido tan extrema como en la condición de la mujer, y esa estupidez, fatalmente, también pasó al arte. Mira las mujeres de Correggio, de Leonardo da Vinci, de Mantegna, del Perugino... En ninguna de ellas encontrarás la expresión de una plenitud interior, de un exceso generoso de vida o de un tormento; y menos aún la tragedia del eros humano. Lo cual no significa que estos cuadros carezcan de valor artístico; una afirmación semejante rozaría lo absurdo. Solo quiero mostrarte que la intervención de la moral puede ser nociva cuando paraliza la espontaneidad de la expresión artística. Todas las mujeres de los pintores mencionados tienen un vago aire virginal que nosotros ya no podemos comprender. Hasta hoy nadie ha sabido descifrar con claridad la naturaleza profundamente enigmática de Mona Lisa. ¡Cuántos ejemplos más pueden ponerse!

La posición del arte frente a la ética normativa se ha fijado definitivamente. El arte posee su propio ámbito de expresión, que es *independiente* del de la moral. Lo mismo que la vida, de la que parte, el arte es irracional y atañe a la experiencia intuitiva.

Para nosotros ha dejado de existir conflicto entre estos tres ámbitos. Que se siga hablando tanto de él en la universidad obedece al desfase innato de esta, que siempre arrastra un siglo de retraso respecto a la atmósfera de la época. Ya no apreciamos ese conflicto que resucitan las aulas universitarias. Y plantearlo como una problemática no tiene ningún sentido.

Ahora entenderás por qué esperaba una rectificación tuya. Hay muchas tragedias en la vida atormentadas por problemas desfasados. Los que, a falta de perspectivas prácticas, nos ocupamos de la filosofía, al menos nos damos el gusto de no perder el tiempo discutiendo problemas que hoy carecen no solo de cualquier interés, sino sobre todo de frescura interna, la única que puede reavivar la conciencia en los momentos de melancolía.

Ya que hablamos de la universidad, tengo que informarte de que he roto todos los lazos con esa institución. Cuando acudo a ella lo hago por estricta obligación oficial de interesarme por algo. Tampoco voy a clases de filosofía. De vez en cuando acudo a las de Iorga,[3] el único profesor de la facultad de Letras y Filosofía a quien todo el mundo debe respeto. En filosofía, las discusiones son tan tediosas que basta con pensar en ellas para sumirse en la desesperación. Cuando llego allí tengo la misma sensación que cuando entro en mi antiguo liceo. Debo confesarte una cosa: mi actitud hacia la universidad también se debe a que sus diplomas no ofrecen condiciones de vida mejores que las de un pordiosero. Ya no me hago ilusiones. Irme al extranjero, obtener una beca, etcétera, son cosas que me parecieron muy tentadoras cuando pensaba en ellas en el parque de Sibiu; pero una vez aquí, la pequeñez del horizonte y la estrechez de las perspectivas son desalentadoras.

---

[3] Nicolae Iorga (1871-1940), historiador rumano.

En cuanto a *El caso Maurizius*,[4] por ahora no he encontrado nada. El año pasado, en *Les Nouvelles littéraires*, leí un artículo de André Levinson[5] que estaba muy bien escrito. Ya no recuerdo el número de la revista. Si quieres interesarte un poco más por Wassermann puedes leer su libro, una recopilación de estudios y conferencias titulada *Lebensdienst*, publicada hace unos dos años, en la que encontrarás unas notas sobre *El caso Maurizius*. En cuanto a este último, debo decirte que no todo el mundo comparte nuestra opinión. Recomendé su lectura a varias personas. Ningún entusiasmo. Una novela como cualquier otra. Todos esos muchachos humildes y bien educados, totalmente incapaces de hacerse valer y carentes de sentimientos rebeldes —no solo porque habrían descubierto su propia inanidad, sino sobre todo porque no se hacen ninguna pregunta capaz de generar disposiciones heroicas— y que viven al día, sin perspectiva histórica, engañados por una supuesta posición en la vida, pues bien, esa gente no puede entender una novela como *Maurizius*. De modo que quien la elogia acaba preguntándose si no lo tomarán por un hombre desprovisto de sentido crítico. ¿Cómo va a entender alguien que tiene conciencia rural unos problemas que se plantean cuando las civilizaciones agonizan? El campesino sigue siendo un campesino aunque esté en la capital. Esa es la mayor tragedia de nuestra cultura: que quienes se ocupan de los libros son personas sin capacidad intelectual, dotadas de una conciencia indiferente y serena. La tranquilidad cretina de estas personas que *aprenden* la filosofía y todo lo demás en vez de vivirlo; es un espectáculo horrible.

Pero qué quieres que te diga, esas personas ni siquiera viven su propia vida. Todos tienen más de veinticinco años y, a pesar de eso, ninguno de ellos va con mujeres, algo que no se puede

---

4   *Der Fall Maurizius*, novela del escritor alemán Jacob Wassermann (1873-1934), publicada en 1928.
5   André Levinson (1887-1933), crítico literario de origen ruso.

pasar por alto, a partir de cierta edad, y que es absurdo, al menos a mi juicio, desdeñar.

Tratándose de las personas, soy casi un sabio. Debo decirte que cada día pongo a prueba mis opiniones sobre la gente. En este campo de observación tengo la impresión de que solo me equivoco en ciertos detalles.

Un cordial saludo,

EMIL CIORAN

P. D.: Sobre Relu [Aurel Cioran]. Fui a verlo dos veces. Me pareció un chico bastante distraído y melancólico, lo cual, en el aspecto espiritual, es una cualidad, pero en el aspecto práctico es sin lugar a dudas un defecto. Petre me dijo que no saca buenas notas; Relu me dijo lo contrario, de modo que no puedo pronunciarme. Relu me pareció más bien disgustado con su ambiente de aquí: puedes imaginarlo, chicos insolentes, etcétera. Además, sus profesores no lo aprecian en su justo valor.

3 — A BUCUR ȚINCU

Sibiu,
22 de diciembre de 1930

Querido amigo:

Desde hace unas dos semanas estoy en Sibiu. Me he ido de Bucarest por un mes a causa de la residencia y porque me dejaron sin el comedor. Tu carta la he recibido después y un conocido me la ha remitido. También me he ido de Bucarest por otros motivos, el más serio de los cuales es sanitario, porque tengo que seguir un tratamiento. A mi edad, pocas personas saben lo que es la enfermedad y el dolor. Quizá sea esa la razón por la que algunas cosas las percibo mejor que los demás. El sufrimiento te enfrenta siempre a la vida, excluye la espontaneidad, la irracionalidad, y te reduce a una criatura contemplativa por excelencia. Tengo que confesarte esto, sinceramente: para mí estar así es un motivo de orgullo. Cuando hablo de cierta superioridad personal sobre los demás, cuando soy crítico o burlón, nunca pienso en una cultura adquirida en los libros, fruto del esfuerzo y la ambición, no, solo pienso en esa comprensión adicional que no viene de la lectura sino de la sensibilidad, no de conocimientos variados sino de una vivencia profunda. Alardear de haber leído más libros que otro es presunción, en cambio, alardear de entender más cosas que otro es situarse en una posición correcta. Cualquier hombre ambicioso e inteligente, pero sobre todo ambicioso (la ambición es lo que más motiva a la lectura), puede adquirir conocimientos, mientras que no todo el mundo puede comprender y sentir la realidad en lo que tiene de específico e irracional, más allá de las condiciones comunes de inteligibilidad.

Quería precisar estas cosas contigo porque algunos me encuentran demasiado despectivo, demasiado orgulloso. A ellos no les he precisado nada, pues seguramente no habrían entendido nada. Pero no quiero extenderme más sobre esto. Aquí quiero hablarte de mis preocupaciones personales, y no tanto del resultado al que he llegado, que un repaso demasiado esquemático haría parecer artificial, sino solo del aspecto exterior de esas preocupaciones.

Estoy trabajando en una tesis de licenciatura sobre Kant[6] con Nae Ionescu.[7] Te preguntarás cómo es que me he inclinado por un tema de interpretación, de orden histórico, yo, que tantas veces me he mostrado contrario a esta clase de preocupaciones, impersonales y estériles. Dejando a un lado el hecho de que me lo ha propuesto, y no impuesto, mi profesor, he llegado a la conclusión de que es imposible aclarar y concretar ningún problema de filosofía sin haber profundizado en la de Kant. Personas como Cohen o Vaihinger,[8] que no son unos cualquiera,

---

6   Cioran leerá sus «Considérations sur le problème de la connaissance chez Kant» en enero de 1931, al final de su cuarto y último curso del primer ciclo de estudios (en el sistema universitario de la época).
7   El filósofo Nae Ionescu (1890-1940), influyente adalid de la corriente vitalista rumana (*trăirism*) era a la sazón profesor de lógica en la Universidad de Bucarest.
8   Hermann Cohen (1842-1918), Hans Vaihinger (1852-1933), filósofos alemanes.

se han pasado la vida estudiando a Kant para comprender los problemas del criticismo, pero nosotros, los rumanos, con nuestra suficiencia, creemos que una lectura de sus obras nos dispensa de releerlas sin descanso. Y no es solo esta idea de la importancia de la filosofía kantiana la que me ha decidido a trabajar sobre él este curso, sino también la necesidad de aclarar algunos aspectos concernientes a este sistema.

Pienso enfocarla desde un punto de vista personal o, por decirlo de una forma más precisa y sencilla, enfocarla personalmente. No soporto a los investigadores que se limitan a resumir. Una monografía debe juzgar un sistema o una personalidad situándose *fuera* del marco del sistema para tener la perspectiva necesaria. El criterio de orientación ante esta clase de realidades debe ser trascendente y no inmanente. Pues bien, casi todas las monografías siguen un criterio inmanente porque, dicen sus autores, esta manera es la única que garantiza la objetividad. A mí, por mi parte, en lo tocante al procedimiento, me convencen el libro de Croce sobre Hegel[9] o los estudios de Nicolai Hartmann acerca de lo histórico y lo sobrehistórico en la filosofía de Kant.[10] Espero que dentro de un año haré algo. De lo contrario, seré el único culpable.

No sé lo que piensas de la filosofía de la historia. A mí me interesa mucho. Son estudios que me apasionan, no solo porque tengo ganas de leer muchas cosas en este campo, sino también porque para mí es un tema de reflexión muy espontáneo. Para informarme sobre la materia he sacado el libro de Troeltsch (*Der Historismus*),[11] aunque no sé cuándo lograré leerlo.

Ignoro por qué, pero no puedo escribir espontáneamente sobre mis planes. Tengo la impresión de que debo detenerme

---

[9]   *Ciò che è vivo e ciò che è morto della filosofia di Hegel* [«Lo vivo y lo muerto de la filosofía de Hegel»] (1906), del filósofo italiano Benedetto Croce (1866-1952).

[10]   De entre los muchos artículos del filósofo alemán Nicolai Hartmann (1882-1950) referentes a Kant, Cioran podría pensar en «Zur Methode der Philosophiegeschichte» [«Para un método de la historia de la filosofía»], publicado en 1910.

[11]   *Der Historismus und seine Probleme* [«El historicismo y sus problemas»] (1922), del sociólogo alemán Ernst Troeltsch (1865-1923).

en cada palabra. Puede que haya una discordancia entre mi tendencia a confiarme y mi afán de explicar las cosas con rigor. ¿O es la melancolía particular en que vivo la que reprime en mí cualquier impulso lírico?

Antes estaba convencido de que tenía alma de poeta; después, más recientemente, he llegado a la conclusión de que era una ilusión. Soy demasiado reservado para poder decir todo lo que siento.

Si quieres puedes guardar algunas de las cartas que te escribo (lo he hecho con las tuyas), no porque tengan algún valor, ¡Dios me libre de pensar algo así!, sino porque, más adelante, nos hará gracia este aire melancólico y sincero que caracteriza todas nuestras cartas. Más adelante, cuando seamos viejos, serán artificiales y secas. En la correspondencia de Taine solo son interesantes e impresionantes las cartas de sus veinte años, lo demás es imposible.

Un saludo cordial,

EMIL CIORAN

P. D.: Me quedo en Sibiu hasta el 20 de enero.

4 — A BUCUR ȚINCU

Bucarest,
24 de enero de 1931

Querido amigo:

Probablemente te sorprenderá saber que desde hace algún tiempo he renunciado a la costumbre de transmitir por carta ciertos pensamientos que me tomo a pecho, en favor de mensajes triviales. Es porque he decidido no volver a discutir de filosofía con nadie en absoluto; no por desprecio o desconsideración sino, simplemente, porque no puedo aceptar discusiones marcadas, en vez de por la distinción, por el afán de ser el primero. Como persona que no admite ser el segundo, en una discusión prefiero una distinción que deba su eminencia a una interioridad cerrada antes que una primacía ganada con la violencia o la paradoja. A ti podría decírtelo todo, pero no en mis cartas. ¿Por qué iba a dar aquí mi opinión sobre personas o libros si una carta, ante todo, debe ser de orden exclusivamente personal?

Quería pedirte un favor, que puedes rechazar en cualquier momento sin temor a contrariarme. Durante estas vacaciones he escrito para mí mismo varias cosas sobre la crisis de la cultura moderna. He desarrollado una concepción axiológica de la cultura y he llegado a conclusiones spenglerianas, aunque los fundamentos fueran distintos.

Como te decía, quise escribir eso para mí solo, pero cometí la imprudencia de mandar mi artículo a la revista *Societatea de mâine* acompañado de una nota en la que le pedía al director que me devolviera el texto —si lo juzgaba insuficiente—, no porque tuviera un valor especial, sino porque me interesa tenerlo. Que no haya querido publicar el artículo no me ha disgustado lo más mínimo, pues de las personas que admiran toda clase de tonterías y no han leído ningún libro de filosofía de la cultura no cabe esperar que entiendan estas cosas, pero que no me haya devuelto el artículo no me ha dejado indiferente. Lo perdono todo porque unos acontecimientos recientes me han convencido de que el intelectual rumano no existe. No tenemos intelectuales y nunca los tendremos. Lo que te pido es que pases por la redacción de la revista (plaza Unirii, 8) y les pidas el artículo para mandármelo aquí después. Ya sé que es un recado incómodo, pero esos idiotas no te van a causar ninguna molestia; otra cosa sería aquí, en Bucarest. Tampoco voy a insistir porque, a fin de cuentas, ¡qué es un artículo y qué tengo que perder!

Aquí, en este país, no se puede hacer nada sin contactos personales ni recomendaciones. Ya puedes enviar estudios brillantes a cualquier revista, que ninguna te los publicará, porque entre nosotros no hay nadie capaz de hacer una reflexión objetiva. En esta nación hay un dichoso subjetivismo que impide fatal e inexorablemente todo intento de evaluación justa.

¿No te parece interesante que los «filósofos» de Bucarest quieran echar a Nae Ionescu de su universidad?[12] Paso por alto la gran debilidad de su formación para reconocer en él ciertas disposiciones filosóficas indiscutibles que por sí solas justifican el estudio de la filosofía. La erudición pervierte las disposiciones filosóficas del hombre, lo historiza y lo saca de la contemplación ingenua, que es la fuente de la creación filosófica.

Aquí, en Bucarest, nadie puede descollar sin adular ni renunciar completamente a sí mismo. Los transilvanos, aunque no seamos un dechado de superioridad intelectual, al menos tenemos un carácter tenaz que nos impide caer en las prácticas de los paniaguados. En la universidad, hasta hoy, ningún transilvano ha tenido éxito, así que habrá que renunciar a toda esperanza y a toda ilusión. Llevo tres años en Bucarest y ningún profesor me conoce realmente —por mi culpa, desde luego—. No me gusta sentirme inferior a lo que sea y por eso desconfío de la arrogancia y la suficiencia con que los profesores tratan a los estudiantes. Lo único que me hace aguantar es una ambición como he visto en poca gente. Ahí está la prueba de que es congénita, así como de que todas mis ilusiones proceden de ella, aunque mi estilo interior sea el de un ser escéptico, desilusionado. Si tuviera un temperamento más elástico, más adaptable, seguramente llegaría lejos; pero siendo como soy, no me hago ilusiones. De todos modos no lo lamento. A estas alturas de mi vida no puedo ni quiero arrepentirme de nada. Celebré fiestas monstruosas, que terminaban en tabernas, blasfemé y solté un montón de guarradas, fui de putas con la *Crítica de la razón pura* en el bolsillo —¡seguramente hay en eso mucha ironía!—, y no lamento nada. ¿Por qué habría de lamentarlo? Nada tiene importancia. No hago filosofía, solo busco aclarar

---

[12]   Alusión a la polémica entre el misticista Nae Ionescu (y su alumno Mircea Eliade) y la corriente racionalista representada por Constantin Rădulescu-Motru (1868-1957).

ciertos problemas que no son solo filosóficos. ¿Por qué iba a ponerme límites? Las normas no tienen ningún valor. Muchas veces he pensado escribir sobre el espíritu normativo, cuando tenga informaciones más abundantes. Es un problema que me interesa especialmente.

Si buscas un disfrute espiritual, cosa que no se puede obtener en cualquier momento, lee la vida de Pascal escrita por su hermana, madame Périer, publicada como introducción a *Los pensamientos* en la edición de 1852. (Es probable que la encuentres en una de las bibliotecas de Cluj). Ahí está todo lo que nunca imaginé sobre el sufrimiento y la enfermedad.

Un cordial saludo,

EMIL CIORAN

P. D.: Quería ir a Cluj para pasar una semana antes de marcharme a Bucarest, pero varios motivos me lo han impedido.

5 — A AUREL CIORAN

[Bucarest],
8 de mayo de 1931

Queridísimo hermano:

Me pides que te mande algo sobre la crítica literaria. Debo confesarte que, personalmente, no me ocupo en absoluto de esos problemas. No porque carezcan de interés, sino porque, teniendo en cuenta los que me preocupan ahora, esos quedan fuera. De hecho, esos problemas de crítica literaria, esos cuestionamientos sobre la novela o el drama, esas discusiones sobre tal o cual corriente sociológica, estética o metafísica, todo eso desaparece en cuanto entras en la universidad.

Si quieres escribir una disertación sobre la crítica literaria, primero tienes que hablar de todos los motivos que han llevado a los estudiosos a ocuparse de ella, así como de su sentido. Nació de la necesidad de situar la obra literaria en una totalidad de condiciones que la trascienden, que son exteriores. En otras palabras, no se toma la obra en sí, en sentido absoluto, fuera de las condiciones de su ambiente social y desconociendo lisa y llanamente la estructura espiritual del creador, no, se recurre a estos elementos para explicar la obra.

Cuando lees un libro sientes cierta satisfacción estética, fruto del modo en que has vivido ese libro. A ti, como individuo aislado, te importan poco la sustancia interior del creador o las condiciones en que apareció la obra; te conformas con la buena disposición estética que la lectura del libro ha generado en ti. El lector corriente disfruta de la obra con candidez, con espontaneidad, como si se perdiera en su contenido; en este caso la asimilación no es resultado de una comprensión o una determinación explícita, sino de una sensación viva y natural.

El crítico literario va más allá de esta emoción sencilla, trata de explicar y situar la obra. Disuelve su unidad interior, la reduce a ciertos elementos. La crítica literaria consiste en analizar, en deshacer una totalidad, de modo que el crítico literario es un analista. El creador de una obra de arte se apoya en una visión sintética, interior y global de la realidad para crear algo. El crítico literario, por su parte, en una visión disociadora y analítica, no de la realidad sino de la obra de arte. Por este motivo, la crítica literaria no realiza un acto original de creación sino, como mucho, un acto original de interpretación.

Considerada desde un ángulo sociológico, la crítica literaria —que no se desarrolló como tal hasta el siglo xix, antes se reducía a las discusiones íntimas de los salones o las cartas particulares— nació de la tendencia a explicar al gran público la naturaleza de la obra. Puedes desarrollar tú solo este punto, que es fácil de entender.

La crítica literaria no dispone de criterios de valoración precisos y que tengan validez universal. Prueba de ello son la variedad de actitudes críticas que se han adoptado frente a una obra y los sistemas tan diferentes que se han ideado por la necesidad de explicar, ya se trate de una explicación genética (causal, histórica, etcétera) o intrínseca, tomando la obra como una entidad dada y aislada de sus condiciones históricas. Este sistema ha quedado totalmente superado.

La falta de criterios precisos tiene otra explicación: la obra de arte es algo vivo y nuestros esquemas rígidos de crítica abstracta no pueden captar el contenido rico e irracional que palpita más allá de sus manifestaciones concretas y sensibles, a través de las cuales pueden expresarse y comunicarse nuestros sentimientos. Sin embargo, la riqueza interior nunca puede agotarse en su expresión concreta. La experiencia real es inefable.

Dime lo que estás leyendo. De todos modos, dentro de veinte días volveré a casa. Hasta entonces.

Un beso y otro a mamá y papá,

MILUȚ

6 — A ANTON GOLOPENȚIA[13]

[Sibiu],
26 de marzo de 1931

Querido Anton Golopenția:

Adjuntas te remito unas páginas que tratan de un problema que me ha interesado y todavía sigue interesándome.[14] Aunque se aborda de manera superficial y fugaz, porque hasta ayer no regresé de Cluj y quería cumplir mi promesa, creo que merecen publicarse en la revista de la que me hablaste, si no por las ideas que exponen, al menos por cierta sinceridad de la que presumo en la escritura, más que en la vida. El problema que tenía la intención de tratar lo dejo para otra ocasión.

Pensaba escribirte muchas cosas. Si no puedo hacerlo es porque en este momento no me siento melancólico, ni rebelde, ni desesperado, ni contento; condiciones indispensables para

---

[13] Sociólogo rumano nacido en 1909, muerto en 1951.
[14] El artículo se titula «Normă şi viață» [«Normas y vida»] (no se publicó en vida del autor).

escribir algo a alguien que se respeta. Tengo la impresión de ser un hombre... casado. Lo cual es mucho más que una decrepitud. Querría buscar una disculpa por este estado, pero el único motivo que encuentro es la necesidad de reponerme de una tensión muy grande, de relajarme. Cada hombre posee su metafísica provinciana, una metafísica de hombre satisfecho, sin tormentos ni sorpresas. Por lo demás, aquí el tiempo ya no existe, de modo que la historia tampoco. Como mucho se pueden hacer consideraciones sobre el destino, no en la medida en que supondría una realización en el tiempo, sino en que representaría una detención del desarrollo de la vida en un momento dado. ¿Por qué no percibimos el destino en los periodos de solidificación de nuestro ser y no solo durante nuestros accesos de inquietud e incertidumbre? Pese a todo, creo que únicamente en la enfermedad se puede entender realmente el destino. Por eso muchas personas se cierran a las verdaderas realidades.

Estoy convencido de que Simmel se convirtió a los problemas de la vida interior y a la metafísica bajo la influencia de la enfermedad. El capítulo de su *Rembrandt* sobre la muerte es, a mi juicio, lo más profundo que hay en él; digo esto sin conocer toda su obra, en especial su *Lebensanschauung*.[15]

Un cordial saludo,

EMIL CIORAN

P. D.: Te ruego que me disculpes por las informaciones erróneas acerca de los artículos de Jankélévitch sobre Simmel.[16] Los leí hace tres años, lo que explica mi olvido. Se publicaron en la *Revue de métaphysique et de morale* en 1925. Al releerlos me han parecido muy notables.

EMIL CIORAN

---

[15] El alemán, «visión de la vida».
[16] Vladimir Jankélévitch, «Georg Simmel, philosophie de la vie» (I y II).

Como he escrito muy mal, te ruego que prestes un poco de atención a las correcciones, sin las cuales las faltas mecanográficas impedirán la buena comprensión del texto.

7 — A Bucur Țincu

[Bucarest, ¿1931?]

Querido amigo:

Sin duda tiene que haber una explicación al hecho de que, en las cartas que tú y yo nos escribimos, solo abordemos los problemas que nos conciernen, que se refieren exclusivamente a nuestro estilo interior. Lo que significa, creo, que cada uno de nosotros se interesa mucho más por sí mismo que los demás por ellos mismos. Tal es, en definitiva, todo el sustrato de la vida interior: una preocupación excesiva por los tormentos personales que a menudo adopta la forma de un narcisismo.

El hecho de atormentarse y meditar sobre esos tormentos obedece a un doloroso amor a sí mismo como individuo único. No es cierto, ni mucho menos, que el hombre pueda mirar atrás y lamentarse de sus luchas internas; si a veces es así, solo quiere decir que eran artificiales, que obedecían a cierta incompatibilidad entre sus ambiciones y sus condiciones exteriores. Cuando sientes que estas luchas nacen de tu naturaleza orgánica, de tu estructura específica, son objetivaciones naturales a las que no podrías renunciar sin renunciar a ti mismo. Nunca pude lamentar mi temperamento; un lamento que además sería absurdo, pues me parece bien ser como soy. El hecho de haber sufrido en tal sitio, de haber estado triste por tal motivo o de haber vivido como un miserable en condiciones por las que nadie ha pasado, todo esto da a la individualidad esa unicidad que basta para justificar que se perciba como un valor. Es así como explico que nadie, en teoría, quiera cambiarse por otro.

En lo que a mí respecta, no me cambiaría por ninguno de los que han atravesado la historia hasta hoy; no para engañarme con una superioridad imaginaria, sino a causa de lo que decía antes: nadie ha vivido exactamente en las mismas circunstancias y en las mismas condiciones, y si las ha habido buenas y malas, para mí todas son igual de válidas. El colmo de la hipocresía humana es la falsa modestia. Como cada individuo siente que tiene un valor insustituible, como cada uno se siente indispensable para el mundo o se cree el centro del universo, las protestas de modestia son ambiciones disimuladas.

Nunca osaría decir que un hombre modesto es menos ambicioso que otro a quien llamaríamos ambicioso. Las ambiciones humanas, expresión imperiosa de la vida, son tan poderosas que nadie puede apreciar el frenesí de su actividad. Si hubiera personas sin ambición, eso significaría, sencillamente, que no estarían vivas. De aquellos que pasan el tiempo asimilando valores teóricos y artísticos en los libros todos decimos que habrán colmado sus ambiciones o, si acaso, las habrán mitigado. Es una gran ilusión. En realidad solo las han desviado, lo mismo que el instinto sexual reprimido no desaparece, sino que busca otros derivativos para manifestarse.

¿No crees, después de lo dicho, que esta preocupación por nosotros mismos expresa la misma tendencia a engañarse, con la única diferencia de que en nosotros adquiere cierta distinción? Puede decirse que, más allá de la complejidad que presenta la vida del alma, hay una tendencia originaria y fundamental marcada por la necesidad imperiosa de hacerse ilusiones, algo de lo que muy pocos se dan cuenta.

Hace algún tiempo te escribí una carta sobre ciertos estados de satisfacción excesiva de los que disfruté especialmente y que por eso mismo son excepcionales; la regla más bien era la anarquía y la rebelión. Esos momentos de alegría son lo más placentero de mi vida, los únicos momentos de contemplación serena. Entonces tengo la impresión de pasar más allá de la historia y del devenir. Son, además, los únicos momentos durante los cuales puedo pensar sin distraerme. No hay duda: solo pueden dedicarse a la filosofía los que a los veinte años no esperan ya grandes sorpresas de la vida, los que son capaces de dedicarse a la meditación contemplativa soslayando la inestabilidad de su edad. Muchas veces pienso que teniendo los pies en el suelo y renunciando a los deseos de grandeza se entenderían muchas más cosas. Pero para nosotros, los modernos, la contemplación y la muerte ya son todo uno.

Tu vida es mucho más anárquica que la mía. Pero cuidado, porque puede tener efectos desastrosos para ti. Sin querer hablar como los poetas, *las temperaturas elevadas son peligrosas*; tú, que quieres vivir o, más bien, que vives demasiado intensamente, debes cuidarte mucho, porque no hay nada más fácil que quebrarse los nervios. Tú y yo decimos cosas muy inspiradas sobre los tormentos interiores, pero olvidamos que solo es una manera simbólica de calificar unas realidades fácticas, unas realidades orgánicas. Que comprendamos más cosas que los demás significa que nuestro equilibrio nervioso está mucho más alterado. Ambos decimos: estoy triste, sin embargo, ninguno de los dos se da cuenta realmente del origen de esa tristeza; puede venir del estómago, de una melodía escuchada un poco antes pero que nos ha impresionado después, o de un deseo sexual que no se ha podido satisfacer a tiempo, etcétera. Es importante ver más allá de las formas simbólicas de la expresión. Nadie se da cuenta de que se puede negar el progreso de la humanidad porque duele un pie. Todo consiste en ver más lejos de lo que tienes delante; aun así, cuando lo consigues ya nada tiene importancia.

Un cordial saludo,

EMIL CIORAN

8 — A BUCUR ȚINCU

Bucarest,
[¿1931?]

Querido amigo:

La vida en común, como la que estoy llevando aquí, fatalmente, me ha hecho pensar muchas veces con melancolía en esas vidas que, si no han fracasado, tampoco han llegado a la

cima de sus tendencias internas. Porque toda vida vivida a me-
dias y realizada solo en parte, dentro de los límites impuestos
por ciertas condiciones externas, es una terrible renuncia que,
sin embargo, no impresiona igual que la aceptación dolorosa de
una existencia inexorable: se reduce al tamaño de una tragedia
anónima y anodina.

Yo mismo me encuentro en un caso así de renuncia. No
porque esté demasiado limitado en lo que pueda lograr, sino porque me veo reducido a un valor, cosa que no habría aceptado en
ninguno de los momentos en que me he planteado el sentido
de mi evolución personal futura. Me abruma la melancolía de
la renuncia.

A menudo me pregunto: ¿qué sentido tiene este movimiento continuo, qué sentido tiene esta eterna insatisfacción ante
una realidad que es mía, personal, y de la que debería alegrarme?
Y la única respuesta que encuentro es una sed inconmensurable
de realización personal, ambición que me domina y desata en
mí, como un verdadero resorte fundamental, un vértigo interior
que trastorna todo el contenido de mi alma.

Soy un ambicioso, aunque nunca lo haya parecido; soy alguien
que querría dominarlo todo, aunque si sucediera tal cosa mi
desdén por la vanidad de cualquier acto haría que renunciara al
dominio. La conciencia de una relatividad absoluta de las cosas
choca con el afán de dominio, la idea de la vanidad choca con
el imperialismo más fogoso: tal es la tragedia ineludible de un
ser.

Nunca he parecido ambicioso. Es así porque nunca he sido
un ambicioso vulgar. Mi ambición fundamental —¡ya ves que
no me refiero a ideales!—, que podría hacer sombra a las demás
—por eso digo que no soy un ambicioso vulgar—, no es más que
un deseo, ilimitado o casi ilimitado, de realización interior personal. Es algo grande, por eso digo que soy ambicioso. El caso
es que esta tendencia nunca se ha considerado una ambición,
porque su sentido no estaba orientado hacia fuera sino hacia
dentro, hacia el interior. Este esfuerzo de realización interior

sigue siendo una forma de ambición, aunque mucho más aquilatada que las otras.

Pero la vida en común ha estorbado este esfuerzo de interiorización; paraliza toda la espontaneidad natural que habría tenido derecho a disfrutar en un libre vagabundeo espiritual. La vida en común impide profundizar el elemento personal, esa particularización psíquica que da una viva sensación de autonomía espiritual y te libra de un determinismo insuperable.

Una cultura bien definida permite ante todo esa profundización del elemento personal, del valor individual, tal como se presenta en su estructura particular. Pero en la vida uniformizada de un rebaño, ¿aún es posible tal cosa? Por supuesto que no, porque el hombre no puede dejar de renunciar a sí mismo mediante un contacto repetido [con los demás] que despersonaliza. Entonces se comprueba que la función de la propia cultura —uso la palabra «cultura» en su acepción alemana, es decir, la vida interior, la personalidad, el heroísmo y lo trágico— ha decaído. De ahí la melancolía a la que me refería. Pero también un sentimiento trágico inexpresable.

Un cordial saludo,

Emil Cioran

9 — A Bucur Țincu

[Bucarest],
10 de noviembre de 1931

Querido amigo:

Pienso, no sin melancolía, en el hecho de que nos hayamos alejado el uno del otro. Nos vemos tan poco que nuestra memoria solo guarda una imagen esquemática e idealizada. Digo esto porque aquí, en Bucarest, aunque estoy rodeado de varios amigos cultos, no he conocido a ningún ser categórico que tenga audacia en las ideas y un temperamento vivo. Estos individuos no suelen llegar a comprender con más profundidad el fenómeno irracional de la individualidad y el carácter original de semejante actitud. Casi todos te preguntan: «¿Por qué eres así?»; «¿Por qué te preocupan esta clase de problemas?», etcétera, como si hubiera que hacer un estudio después de un cálculo, o una elección racional. En realidad, nos encontramos en un marco de problemas que parecen esenciales y cuya validez se justifica *a priori*, más o menos. A menudo me reprochan que estudie problemas de filosofía de la historia y la cultura, so pretexto de que no es serio, de que es diletantismo. En este reproche hay una gran falta de comprensión, pues no tienen en cuenta que el hombre se adapta naturalmente a un ámbito en el que desarrolla un pensamiento personal, mientras que en los otros ámbitos aún nos hallamos ante una especie de compromiso, basado en una información objetiva y exterior, más que en la espontaneidad y la ingenuidad. Entenderás por qué todas esas objeciones que me hacen me irritan sobremanera. En los últimos tiempos he conocido a toda la élite «filosófica» —por así decirlo— de la capital. Nosotros tenemos motivos para alegrarnos, pero en lo referente al destino de nuestra cultura, hay motivos para deprimirse. Me he dado cuenta de que nosotros, que solo somos unos cuantos, representamos incomparablemente más —incluso *en la actualidad*— que los que forman «la élite» de la que te hablaba. No obstante, este problema tiene su otra cara: sobre semejante base no se podrá construir gran cosa. El compromiso es el elemento esencial, inmanente a nuestra estructura de vida.

Ante este estado de cosas se entiende que resulte más difícil elevarse aquí que en un ambiente aventajado, donde tu inferioridad sería evidente. No podría decir que no he aprendido el arte de impresionar. Si vieras con qué desenvoltura les presento a algunos —a quienes no respeto, por supuesto— decenas de títulos de libros que otros, que tienen toda una vida de lecturas tras de sí, son incapaces de ofrecerles con el mismo aplomo, seguramente te inclinarías a detectar en mí a un estafador intelectual en estado embrionario, tendente a advenedizo. Que existe, es evidente; salvo que hay en mí un fondo de sinceridad que debo reprimir, pues aquí todo el ambiente está dominado por un escepticismo vulgar. Vivo en un mundo trivial, carente de distinción interior, incapaz de paradoja, hondura o irracionalidad. Son tan simples que estando aquí puedo prever todos sus gestos y todas sus reacciones. ¡Que se vayan al diablo! Estoy harto de tener que repetir los mismos motivos, las mismas consideraciones, para cosas sin importancia. Pensándolo bien, dan ganas de reír ante todas esas personas que se toman en serio, de modo que cada cual es el principal problema para sí mismo, cada cual transforma sus estados de ánimo en problemas, etcétera. No es una vida interior, es pura ilusión. No caigo en la trampa de creer que estas realidades son específicamente modernas, pero me disgustan todas estas complicaciones de la vida de hoy, toda esta algarabía en torno a cosas que no tienen interés. Más que nunca, ahora veo con claridad lo absurdo del progresismo, de la insignificancia e irracionalidad de la vida como proceso histórico, de la ilusión de una finalidad trascendente o una teleología moral. Por lo demás, habrás podido observar que nuestra época se caracteriza esencialmente por el hastío que inspira la cultura, el rechazo desilusionado de los valores y la renuncia a la moral, así como a los criterios generales de las disciplinas normativas. Sobre este tema es característica la nueva dirección que ha tomado la filosofía alemana, que parte de la antinomia mente-alma (como totalidad de funciones y síntesis de naturaleza orgánica), antinomia resuelta con el rechazo del primer término. La problemática de esta orientación revela la necesidad de superar la tensión trágica a la que nos ha llevado el proceso de cultura. No soy tan ingenuo como para imaginar un modo fácil de resolver la antinomia, pero creo, no obstante, que se puede ir más allá, eliminando uno de los términos. La antinomia cultura-vida, mente y alma, apunta a la estructura de la cultura contemporánea, no a la cultura en general. Revela con viveza un aspecto de nuestra decadencia. Cuando los valores de una cultura se han vuelto exteriores al hombre y trascendentes, significa que esa cultura está muerta para las posibilidades del hombre. Estoy convencido, por este motivo, de que una exploración del proceso histórico y de la cultura que no lleve a la antropología es, si no inútil, al menos estéril. No pueden excluirse de la filosofía las consideraciones socráticas sobre la antropología. No por su contenido, sino por su naturaleza formal.

No sé si podrías publicar en *Drumul nou* un artículo mío sobre el libro de Bagdasar acerca de la cultura europea.[17] Resulta que tengo ciertas obligaciones para con él y una reseña es una de las soluciones más serias para mostrarle mi agradecimiento. No me conviene ninguno de los periódicos de Bucarest. ¡Si vieras las miradas que te clavan cuando entras en una de sus redacciones! Es humillante tener que pedir algo a esa ralea de imbéciles y analfabetos.

De momento estoy ocupado en la lectura de los libros de Erwin Reisner.[18] Vianu[19] me ha pedido un artículo sobre él para *Gândirea*. Pero no sé si lo voy a escribir, la atmósfera filosófica de los libros de Reisner no va conmigo.

Un cordial saludo,

EMIL CIORAN

10 — A BUCUR ȚINCU

[Bucarest],
4 de marzo de 1932

Querido amigo:

Ya te escribí un día que si no hubiera estado ni estuviera enfermo, habría podido vivir lejos. Tenía un «nombre» que, sin aportarme ninguna satisfacción interior, me habría brindado otras posibilidades de hacerme un sitio. No puedes imaginar lo penoso que puede ser conocer a personas que van viento en popa, de cuya inferioridad intelectual estás convencido, personas que apenas te dirigen la palabra, no sin una condescendencia patente

---

[17] Nicolae Bagdasar (1896-1971), *Din problemele culturii europene* [«Sobre los problemas de la cultura europea»], 1931.
[18] Filósofo austriaco nacido en 1890, muerto en 1966.
[19] Tudor Vianu (1898-1964), crítico literario rumano.

y un interés afectado por lo que dices, cuando en realidad se limitan a hacer una concesión insoportable a un ser dotado de cierta sensibilidad.

Si eres joven no tienes ninguna importancia en ningún lado. Si das un artículo a una revista casi siempre lo aplazarán, en caso de que les sobre material. Todo depende de tus contactos. Pero si te quedas en casa leyendo no haces contactos. Hay que salir, no olvidarse de felicitar, elogiar, adular. Yo, que vivo en un escepticismo especialmente amargo, me siento muy incómodo con esa clase de gestos. Si a veces lo hago se debe a una presión racional excesivamente insistente, que atiza demasiado en mi conciencia la necesidad de una orientación activa.

En el fondo, toda mi tragedia se reduce a esto: no puedo jerarquizar los contenidos espirituales y los valores, sea cual sea su naturaleza. La acción o la inacción, la generosidad o el odio, el impulso o la desesperación: creo que todo expresa una misma irracionalidad que no se puede superar.

Tú y yo ya hemos hablado de las noches sin sueño, en las que se cuentan los instantes y, más allá de la desesperación, más allá de los límites de la resistencia, todo parece estar en el mismo plano, insignificante y nulo. Cualquier elemento y cualquier símbolo están purificados, el hombre se enfrenta a la existencia en su estructura pura, el dualismo entre conciencia y realidad se intensifica hasta un paroxismo que no es más que la destrucción.

Con esta clase de experiencias, ¿qué será de mí? Todo depende de si este año soy capaz de recuperarme. De lo contrario todo está perdido. He empezado negándolo todo, sin poder arreglar nada. Ya no creo en las soluciones, lo que significa una suspensión completa en la nada.

* * *

Hace ya diez días que escribí la primera página de esta carta; después de una interrupción la dejé a un lado. Al releer estas líneas me doy cuenta con satisfacción de que no son el fruto de una actitud aleatoria o una explosión efímera. Un sentimiento asténico de la vida me impide gozar de las cosas, y me tortura y me destruye. Tiene tantas causas que, aunque algunas de ellas desaparecieran, mi actitud seguiría siendo la misma. Me he dado cuenta perfectamente de que, entre estos habitantes de Bucarest, soy un individuo totalmente singularizado.

Puede que me abra demasiado, cuando debería ser mera apariencia. Nichifor Crainic[20] me ha rechazado unos artículos porque al parecer son demasiado pesimistas. Pero es que soy incapaz de considerar la vida como un juego o como una agradable nana. Si vivo, debes saber que me distinguiré por un comportamiento extremo; llegaré sin ningún temor a las últimas consecuencias. No me asusta ninguna idea ni ninguna actitud.

Aquí me llaman «cínico». Si el cinismo es llevar la sinceridad a su paroxismo, entonces no hay duda de que soy cínico.

Pero ¡dejemos todo esto a un lado!

En lo que concierne a Alemania, es segurísimo que no iré. Las cosas han tomado muy mal cariz. Por ahora no quiero pensar en ello.

Soy un hombre mal preparado para la vida. La vida no tiene ningún sentido si no depara ninguna alegría ni satisfacción. Este hecho, el de ser incapaz de cualquier forma de felicidad —sin tomar el término en su acepción sentimental—, es realmente singular.

Cuando escribo a las revistas, lo hago de forma calculada. Soy consciente de que mis artículos no tienen ningún valor particular, que son simples fragmentos sin consistencia. Es muy probable que este año me ponga a escribir algo serio sobre mis tormentos. No soy demasiado joven para ello porque estoy más allá de las edades.

A pesar de todo, sé a ciencia cierta que nunca me volveré loco. Tuyo,

EMIL CIORAN

---

[20] Nichifor Crainic (1889-1972), a la sazón director de la revista cultural *Gândirea* y del diario nacionalista *Calendarul*.

11 — A Bucur Țincu

[Bucarest],
5 de abril de 1932

Querido amigo:

He tomado una decisión muy tajante, que incluso se ha vuelto una obsesión. Se trata de retirarme a provincias y ponerme a escribir algo homogéneo durante cuatro meses. Si no lo hago se deberá a un posible viaje a Ginebra (que no tengo ganas de hacer y que, como tal, por razones personales, sería problemático), o a unas condiciones exteriores que me paralizaran. Siento una acumulación de experiencias interiores que piden salir a la luz. De modo que escribir, en mi caso, es una necesidad de hacer precisiones que me concierne en exclusiva.

Esta idea se me ha ocurrido de forma espontánea, por lo que me parece auténtica. Escribir solo tiene valor en la medida en que objetiviza lo que se experimenta, en que más allá de la expresión se encuentra la vida, más allá de la forma, el contenido. Me gustaría escribir con mi sangre. No lo digo para causar un efecto poético, sino concretamente, en la acepción material de la palabra. Estoy por completo convencido de que todo en mí es una herida sanguinolenta. Pero mi aplomo, mi expresión audaz y mi afición por la paradoja (en el sentido de Pascal o Kierkegaard) se las debo al sufrimiento.

He perdido definitivamente el sentido de la mesura; a veces exagero hasta el desatino. A este respecto no está de más recordar que llevo un año sin disfrutar de una lucidez excesiva —ya te hablé de eso— y estoy atormentado, torturado, acosado por la destrucción y la muerte.

Tengo la impresión de ser exactamente como Pascal al final de su vida, cuando ya no podía hacer nada efectivo y vagaba, solo, en lo absurdo.

No sé si has observado, a partir de tu propia experiencia, este raro fenómeno: el que sufre, aunque no tenga muchas luces, se atribuye en el universo un valor y una excelencia que el común de los mortales no puede concebir. No es que el sufrimiento provoque estados ilusorios, no, sino que el hecho de que el individuo sufra, que soporte la vida de manera intensa y dramática, lo induce a atribuirse valores que no pueden obviarse ni desdeñarse, incluso cuando el dolor lo lleva a concebir la nulidad y la insignificancia universal.

Soy incapaz de eliminar de las consideraciones que hago la conciencia de mi propio sentido en la vida. De todos aquellos con quienes me he cruzado en Bucarest —conocidos o anónimos, algunos mucho mayores que yo—, puedo afirmar sin lugar a dudas que ninguno tiene una experiencia de vida tan atormentada como la que yo pretendo demostrar. Porque una cosa es segura: los inconvenientes externos no dejan huellas profundas; son fruto de un dolor momentáneo, fácil de superar. Léon Bloy dice en alguna parte: «Souffrir passe, avoir souffert ne passe jamais».[21] Hasta ahora me he identificado plenamente con Tonio Kröger; pero noto que un toque ruso empieza a hacer demoniaca en mí la actitud reservada y melancólica del protagonista del relato de Thomas Mann.

Asuntos de actualidad. Petru sigue sin renunciar al espejismo de la revolución; yo solo consigo convencerlo de manera superficial de la ilusión que encierra esta impaciencia de acentos apocalípticos. Hecho concreto: Petru es un desecho de la vida. Lo digo muy a mi pesar.

En cuanto a una beca en el extranjero, he renunciado a esas combinaciones, por ahora y quizá por mucho tiempo.

Sobre los logros personales puedo decirte que solo he conseguido trabajar en un estudio sobre la antropología filosófica, que no me parece totalmente estéril, ya que además utiliza datos propios.

---

[21]   «Sufrir pasa, haber sufrido no pasa nunca». En su diario *Le Pèlerin de l'absolu* (en la fecha del 12 de febrero de 1911, Léon Bloy cita esta frase que atribuye a una monja morava, sor Véronique.

Si te cae entre manos el libro de Ernst Bertram sobre Nietzsche,[22] trata de leerlo, es extraordinario.

Dentro de diez días viajaré a Sibiu.

Tuyo,

EMIL CIORAN

12 — A BUCUR ȚINCU

Sibiu, 23 de septiembre de 1932

Querido amigo:

Así que ambos estamos en la encrucijada de la vida. Hasta ahora solo teníamos proyectos y planes; ahora se trata de hacer algo, sin lo cual todo es una simple ilusión. Por supuesto, ya no podemos hablar de esperanzas o combinaciones pueriles, como hacíamos antes. A mí también se me empieza a imponer muy seriamente el problema de la vida; pero siempre he lamentado que tú hayas tenido que enfrentarlo demasiado pronto.

Es muy difícil mantenerse en el marco de ciertas aspiraciones filosóficas cuando te ves obligado a hacer de periodista. Escribí una serie de artículos para un periódico; he renunciado a seguir, aunque me lo han pedido, porque me resultaba imposible ocuparme de teorías que iban a desaparecer del todo en veinticuatro horas.

Todos los chicos cultos que vienen al periodismo empiezan ocupándose de cuestiones alejadas de la actualidad, con una pasión impresionante, y acaban haciendo reportajes efímeros. Cuanto más culto se es, más peligro tiene el periodismo, porque hay que ir renunciando poco a poco, lo que no ocurre con los inútiles, a quienes el periodismo brinda un entorno estimulante para sus vagas y embrionarias aspiraciones.

En tu caso, la salvación es que el periodismo solo es una solución provisional; cuando empieces a sentirte bien, a aceptarlo como una forma normal de salvación, será el momento de tener miedo.

---

[22] *Nietzsche. Versuch einer Mythologie* [*Nietzsche. Ensayo de mitología*], 1914.

En cuanto a mí, debes saber que habría podido estar lejos de no ser por ciertas circunstancias. No es que no haya leído lo suficiente, sino que el haber sufrido durante tres años enfermedades que solo afectan a los viejos me ha separado completamente de los demás y me ha vedado cualquier posibilidad de relaciones exteriores. Sé cómo ser un estafador intelectual, cómo causar sensación hablando de libros que no he leído o cómo impresionar con paradojas, pero no he recurrido a nada de eso. En el plano psicológico soy un introvertido; la gente no puede complacerme. En Bucarest hay algunas personas que se preocupan por mí; tendrás que creerme: su simpatía no me complace en absoluto.

Si, pese a todo, entablo relaciones e intento situarme en algún sitio, es por una determinación meramente racional: estoy convencido de que tengo algo que decir y en eso quiero persistir. El día que me sienta ajeno a mí mismo, más o menos exterior a mí mismo, privado de un centro de vida subjetiva, entonces se acabó. No hay sensación más penosa en la vida que la de inutilidad.

Nunca olvidaré el estado particularmente extraño en que he recorrido, solo, las calles de Viena,[23] repitiéndome: «Soy una existencia ridícula». No se te escapará la desesperación que hay detrás de semejante derivativo. Una característica de la vida anormal de mi alma es que me echo a reír ante lo incomprensible. Cuando se mira a una mujer, por ejemplo, no como objeto de deseo, sino como hecho, dan ganas de reír. Es sabido, por otro lado, que en el plano fisionómico la expresión suprema de dolor no difiere de su antípoda.

Dado que las cosas están así, comprenderás por qué me apasionan los asuntos de demonismo, de cinismo, etcétera, y por qué desde hace tres años la cuestión de la psicología del hombre ruso se ha vuelto una obsesión. Solo los estados anormales son

---

[23]   Durante el verano de 1932, Cioran pasó dos meses en Ginebra como miembro de una delegación de jóvenes intelectuales que representaban a Rumanía en la Conferencia Internacional de Desarme organizada por la Sociedad de Naciones. Aprovechó esta primera salida de Rumanía para visitar Viena y Venecia.

fecundos. Por eso hay que amar la destrucción, la muerte, la ruina o la enfermedad.

En un ensayo que no se ha publicado, aunque lo he enviado a una revista,[24] trataba de mostrar que el destino individual, como realidad interior, irracional e inmanente, solo se nos revela en el dolor, que es la única vía positiva para comprender desde dentro nuestros problemas personales. En él mostraba que el pecado, en sus interpretaciones religiosas —en las que sería como el equivalente al sufrimiento—, no desempeña esta función, en la medida en que está estrechamente vinculado a la objetividad del mundo histórico y, por lo tanto, no plantea necesariamente el problema de la existencia individual.

Por eso hay que amar el sufrimiento.

Mi juventud destruida me ha valido esos estados de ánimo, que solo he encontrado en la obra de Dostoievski.

La distancia que me separa de los de mi edad me parece enorme. Resulta penoso hablar con personas que no tienen ninguna actitud, ninguna conciencia espiritual, para quienes la vida es una canción de cuna agradable, que son «amigos» de las chicas, etcétera. No he conocido más que dos o tres muchachos distinguidos. Solo me queda el contacto con los miserables. He encontrado mucha más comprensión entre ellos; me gusta su rechazo a las obligaciones, al orden, a la jerarquía o a otras formas. Un muchacho distinguido que no pueda aguantar acabará vagando, en su antípoda, entre los miserables. Estoy convencido de que nadie es «responsable» de su situación. Por eso no hay que despreciar a los mediocres, aunque sí evitarlos.

* * *

Ya te he escrito que para mí existen ciertos problemas centrales que me apasionan y que debo aclarar. Las cuestiones de la filo-

---

[24] «Las revelaciones del dolor» se publicará en *Azi* en febrero de 1933. Véase Cioran, *Solitude et destin*, trad. de A. Paruit, París, Gallimard, 2004, pp. 205-221.

sofía de la cultura o de la historia, de caracterología y antropología filosófica me entusiasman a tal punto que me resulta inconcebible renunciar a ellas algún día. Como esos problemas son específicamente alemanes, sería necesario experimentarlos sobre el terreno. Pero la situación aquí se está complicando. Hemos tenido la desgracia de terminar [nuestros estudios] justo cuando la situación económica y social se está volviendo tan trágica que un traslado al extranjero parecía lo más obvio. No soy de los que viven lamentándose y comprendo mejor que nadie todo lo que es imposible.

Mientras escribo estas líneas se me ocurre una solución a tu situación. Como seguramente has hecho contactos, podrías entrar en un periódico de Bucarest. El sueldo y la situación serían muy distintos.

No deja de ser trágico: hacemos cálculos demasiado serios para nuestra edad. Hemos envejecido demasiado pronto.

Un cordial saludo,

EMIL CIORAN

P. D.: Contéstame a Bucarest, a la dirección antigua.

13 — A PETRU COMARNESCU[25]

Sibiu,
21 de abril de 1933

Querido Titel:

Me resulta muy difícil escribirte algo objetivo en lo concerniente a ciertas ideas más o menos filosóficas, porque la simpatía que siento por ti hace que me vuelva irremediablemente lírico. Muchas veces tengo la impresión de que si me enfadara contigo perdería una parte de mí mismo, y se me hace inconcebible la perspectiva de una separación muy duradera. Hay en ti

---

[25]   Crítico literario nacido en 1905, muerto en 1970; a la sazón editor de los periódicos *Vremea* y *Rampa*.

un soplo de vida tan puro que despierta en mí auténtica admiración. El entusiasmo, como la ingenuidad, es un don del cielo. Tú eres el único que reúne comprensión humana y espíritu personal. Hay en ti una suerte de generosidad que no he encontrado ni en Vulcǎnescu ni cn Eliade.[26]

Cuando pienso en la forma de vida en la que te mueves y actúas, enseguida me doy cuenta de que soy el hombre más fracasado del mundo. La ambición, sin duda, me impide darme por vencido, pero estoy demasiado cansado para convertirme en un individuo brillante. Siento un pesar eterno por este mundo y mi existencia es la prueba más convincente e ilustrativa de los defectos de la Creación. El único libro que podría escribir trataría sobre la falta de armonía preestablecida. Entiendo perfectamente el impulso que te mueve a hablar de armonía o de ideal, así como percibo en mí la desintegración que me hace hablar con espontaneidad de cosas que solo yo sé lo dolorosas que son.

Te lo digo con sinceridad: cuando pienso en ti me da la impresión de que la vida tiene un sentido. Que algún día pueda cambiar de opinión no tiene ninguna importancia. Por otro lado, he empezado a restar valor a las ideas y amar el lirismo y la expresión directa. Digo que la vida tiene un sentido cuando pienso en ti porque en tu existencia no hay nada que esté muerto, roto, reprimido u oculto, nada podrido, al contrario, posee algo de la libertad y la espontaneidad de una floración natural. Eres un hombre que se realiza con plenitud. Los obstáculos solo pueden proceder de tu ambiente, no de ti.

Hasta ahora he escrito unas cincuenta páginas de un libro que me gustaría titular *En las cimas de la desesperación o entre la vida y la muerte* y estará formado íntegramente por fragmentos de dos o tres páginas, casi todos líricos y de un radicalismo feroz, de la más bestial inspiración pesimista. Seguro que me resultará difícil encontrar un editor en Bucarest, aunque estaría

---

[26]   Mircea Vulcǎnescu (1904-1952), filósofo; Mircea Eliade (1907-1986), historiador de las religiones y escritor.

dispuesto a pagar yo también algo. Dentro de dos meses lo tendré listo; de todos modos creo que no podré ir a Bucarest antes del otoño.

Querido Titel, no lo tomes a mal si te pido que publiques el artículo adjunto en *Vremea*, en el número que quieras. No tengo absolutamente ninguna pretensión.

Un saludo afectuoso.

Tuyo,

EMIL CIORAN

Por favor, transmite mis saludos a nuestros amigos comunes.

14 — A BUCUR ȚINCU

[Sibiu],
24 de abril de 1933

Querido Bucur:

De entrada debo decirte que mi vida provinciana no me aburre en absoluto. Si tratara de distraerme en esta ciudad sin putas, seguramente me volvería loco. Me conformo con oír música, mucha música. El resto del tiempo leo y escribo. Hasta ahora he escrito más o menos la mitad del libro que tenía en la cabeza. Todo el libro consta de fragmentos (dos o tres páginas) de carácter lírico, con la más bestial y apocalíptica de las tensiones.

En él he dicho cosas destructivas; hay páginas tan deprimentes que seguramente provocarán rechazo; sea como sea, impresionarán.

Si tienes ocasión, por favor, infórmate con los impresores para saber cuánto me costaría un libro de unas ciento cincuenta páginas (mil ejemplares). Tengo la promesa de un apoyo material de mis padres si es que el editor no quiere publicarme.

Qué decirte: me pongo muy triste cada vez que pienso en tu agotamiento diario y veo que los imbéciles de provincias no hacen nada, aunque tengan más de treinta años. Un descanso de varias semanas en Sibiu sería muy reconfortante. Te aconsejo que te tomes unas vacaciones, por cortas que sean, aunque conozco bien toda la miseria que hay allá.

Si yo gozara de buena salud sería casi feliz. Pero tengo tristes presentimientos. En los momentos de orgullo me digo que no tengo nada que lamentar; pero en realidad tengo mucho que lamentar en este mundo.

Querido Bucur, si ves a Marinescu,[27] dile que conteste a mi carta en la que le pedía contactos en la residencia. Quiero saber si me aceptarán en otoño, antes de pagar o no mis meses de ausencia.

Țara noastră ya no llega. Si puedes, envíanosla, me resulta difícil comprarla. Mándame también *Dreptatea*, el número en el que has escrito; aquí no se consigue. Con respecto a Alemania, he recibido una respuesta de Csaki.[28] Se ha pasado el plazo para este verano. Tengo que hacer otra solicitud para el otoño. Dame muchas noticias, porque las ideas son demasiado intemporales para tener valor entre amigos. Hoy he conversado con Lucian Blaga,[29] que ha venido a Sibiu al entierro de su madre.

Un cordial saludo,

EMIL CIORAN

Transmite mis saludos más calurosos a Ciurezu, a Jebeleanu y a todos los que conozco. E. C.

15 — A ARŞAVIR ACTERIAN[30]

[Sibiu, julio de 1933]

Queridísimo Arşavir:

Te escribo a toda prisa esta postal sin interés porque los preparativos de mi evasión a las montañas, lejos de la civilización,

[27] Constantin Marinescu (1891-1982), historiador.
[28] Richard Csaki (1886-1943), político rumano, a la sazón director del Deutsches Ausland-Institut. Gracias a él Cioran obtuvo la beca de la fundación Humboldt ese otoño.
[29] Lucian Blaga (1895-1961), filósofo y poeta.
[30] Arşavir Acterian (1907-1997), escritor rumano. Hermano de Haig (1904-1943), director de teatro, y de Jeni (1916-1958), escritora.

me roban todo el tiempo que necesito para escribirte como querría. Me voy por mucho tiempo a las alturas, a una altitud que por lo menos pueda igualarse con aquella en la que vivo. Me llevo muchos libros, porque en los últimos tiempos siento una formidable pasión por ellos, consecuencia de cierta decepción de orden íntimo, en este caso erótico.

Aprende de mí, querido Arşavir, que los únicos seres que impresionan son los que persisten en tu conciencia mucho después de haber salido del ambiente en que los conociste. Tal es vuestro caso, el de algunos de mis amigos, lo mismo que el de Puica Enăceanu, que por algún raro fenómeno interior goza de una presencia viva en mi conciencia. Ella tiene algo de los ángeles y las madonas de Botticelli.

Hace poco Mircea Eliade me regaló *La Condition humaine*, de Malraux, del que tú también me has hablado. Es un autor cuya alma presenta grandes analogías con la mía.

Tuyo,

EMIL CIORAN

Escríbeme a la dirección antigua, a Sibiu.

16 — A ECATERINA SĂNDULESCU[31]

[Şanta],[32]
19 de agosto de 1933

Queridísima señora Catrinaru:

Te escribo después de cuatro horas de trabajo en el bosque, donde he cortado leña no solo teniendo en cuenta su utilidad, sino también por la inútil pasión del esfuerzo. En estos lugares, donde en muchos sentidos he vuelto a ser un niño —lo que significa que no estoy tan acabado como pretendo—, he expe-

---

[31] Ecaterina Săndulescu (1904-1988), casada con Catrinaru, escritora.
[32] Estación de montaña de los Cárpatos, antiguo lugar de veraneo de Cioran y su familia, no lejos de Rășinari.

rimentado un arrepentimiento lúcido y persistente de mi vida, hasta ahora consumida en un solo plano: el plano intelectual.

Durante mis años de estudiante he hecho la filosofía de la vida en la biblioteca; no he vivido en varios planos; no me he debatido en la inmanencia de la existencia, dentro de la vida, he envenenado y destruido la vida en mí para engendrar un espíritu en sus ruinas.

Si en mi existencia no hubiera algo irreparable, una fatalidad implacable y dolorosa, siento que me convertiría en un individuo brillante, capaz de una generosidad infinita, de una prodigalidad tal que mi vida dejaría de ser una serie de ocasiones perdidas. Sabría cómo aprovechar cada instante y sacar de la menor chispa una llama, de la menor gota un océano.

¿Por qué soy pesimista? Porque mis depresiones, que nacen a pesar de mí, destruyen las vacilaciones de mi ímpetu. Y esta dualidad dramática es tan fecunda que su infinidad tiende a lo barroco y lo grotesco, en sus últimas crispaciones apocalípticas.

No estoy nada triste, ahora, cuando te escribo; lo cual quizá explique esta lucidez, tan viva y poderosa que las manchas de tristeza y desesperación no pueden oscurecer totalmente la fuente luminosa de mi ser.

Juro, sobre la claridad del cielo crepuscular que me rodea en este momento como una aureola, que resistiré en este mundo, aunque de mí solo conserve mi *recuerdo*. Y espero que llegue el día en que sienta (todavía) la vitalidad de las ilusiones, con los ojos vendados para *ver* un sentido en la vida.

Y me planteo, con un sentimiento de autoironía, escribir un himno a la alegría...

Pero tendré que dejar de hablar de mí mismo, de lo contrario no sé adónde iría a parar. Y además tengo suficientes recursos para que nadie sepa distinguir lo que invento de lo que es auténtico.

¿Qué decir de ti? Que tienes demasiado espíritu crítico, tanto que resulta embarazoso; que, con las posibilidades y la audacia que posees, no has hecho suficiente ruido. ¡Si hemos sufrido,

tendremos que sacar provecho de nuestros sufrimientos! Una
sensibilidad como la tuya es una lástima que se disipe en la
crítica literaria, cosa a la que yo, personalmente, no encuentro
ninguna finalidad elevada. La crítica literaria te lleva a la periferia de ti misma.

Un día estallé aquí pensando en la timidez injustificada, la
reserva inadmisible y la inhibición continua en que se complace el doctor Dosios.[33] No sé de qué tiene miedo. ¿De la gente?
Pero es un misántropo, nada debería sorprenderle. ¿Y merece
esta vida que matemos en nosotros lo que podría florecer en el
exterior?

Comprendo la fatalidad de un proceso orgánico, el carácter
irremediable de una inhibición congénita. Pero ¿acaso el humano
no es lo bastante contradictorio para poder, a veces, no ser él
mismo?

Transmite mis calurosos saludos a tus hermanas y al doctor
Dosios.

Un cordial saludo,

EMIL CIORAN

17 — A PETRU COMARNESCU

[Berlín],
4 de noviembre de 1933

Querido Titel:

Me resulta difícil transmitir algo esencial de lo que hay aquí,
porque no conozco este lugar. Me quedo en casa todo el día
leyendo textos y comentarios budistas. He mirado los libros que
me compré en Berlín y he comprobado, no sin sorpresa, que son
todos libros de poesía y de pensamiento oriental. Me gustan los
orientales, porque solo ellos han dicho algo profundo sobre el
asunto de la individualidad, que me apasiona muchísimo. He

---

[33]   Anastase Dosios Neamțu (1900-1974), psiquiatra rumano.

empezado a escribir un libro: *Las alegrías de los hombres tristes*;[34] si no lo acabo, toda la culpa la tendrán mis tristezas, de las que no me siento responsable, de tan orgánicas que se han vuelto para mí. Todo es una cuestión de *destino* y no de historia. En un hospital de aquí he visto una fila de personas que lloraban y me he dado cuenta de que ante el destino individual las formas históricas y políticas no llegan a ningún lado. Con hitlerismo o con comunismo, las personas sufren igual y mueren igual. El destino, el irreparable interior, todo se reduce a eso.

Debo confesarte que tu gesto y el de los amigos la tarde de mi partida me impresionaron mucho y, en cierto modo, me obligan a vivir. Aún tenemos muchas cosas que aprender de ti.

Me parece que la ciencia oficial me deja frío. Mi alma ha conocido una vida demasiado complicada para que un simple juego de conceptos logre interesarme todavía.

Qué más puedo decirte, aparte de que la vida está muy cara y que preveo el calvario de una miseria terrible.

Mis más calurosos saludos a ti y a los amigos,

EMIL C.

18 — A PETRU COMARNESCU

Berlín,
17 de diciembre de 1933

Querido Titel:

Hablo tanto de ti con Anton [*Golopenția*] que nunca, en ninguna otra parte del mundo, creo yo, has estado tan presente ni has sido tan actual. Como ves, he reanudado unas relaciones de amistad que había dejado deshilvanarse durante dos años con un alejamiento progresivo. Me impresionó darme cuenta de que habíamos seguido caminos tan diferentes y sentí cierta melancolía al medir la distancia que nos separa, es decir, la distancia que me separa de mí mismo.

---

[34] El futuro *Libro de las quimeras* (1936).

Nunca eres tan consciente de tus propias transformaciones como cuando, pasado un tiempo, vuelves a ver a personas con las que habías empezado el camino. Los reencuentros siempre me inspiran melancolía. Soy alguien a quien el sufrimiento ha marcado hasta transformarlo por completo, aunque esta transformación solo sea un agravamiento de las cualidades iniciales. Cualidades que, hipertrofiadas, acaban determinando que vea la vida con otra sensibilidad y desde otra perspectiva. Creo frenética y fanáticamente en las virtudes de la inquietud y el sufrimiento, tanto más cuanto que, por encima de la desesperación y el veneno que les debo, también han generado en mí una conciencia de mi destino y un sentimiento extraño, exaltado, de misión.

En lo más recio de la desesperación más terrible me llena de alegría la idea de tener un destino, de vivir una vida entretejida de sucesivas muertes y transfiguraciones, de ser una encrucijada en cada momento. Y me enorgullece que mi vida empiece con la muerte, a diferencia de la de la mayoría de las personas, para quienes la muerte llega al final de la vida. Siento la muerte como algo pasado y percibo el futuro como una suerte de iluminación personal. No tengo miedo a morir, no, todo mi miedo obedece a una interpretación de la muerte como fuerza presente en los inicios, en el origen de la existencia.

Me resulta imposible desentrañar esa clase de miedo. De hecho, en todo lo que he vivido, en todo lo que estoy viviendo, estos momentos son los más difíciles de explicar, porque la invasión orgánica del miedo impide distanciarse de él. Algún día me gustaría ser capaz de analizar por escrito esta ansiedad de existir, la existencia sentida como ansiedad. Esta mezcla de misterio, vibración y lucidez hace de la ansiedad un complejo muy extraño.

Lo que quiero decirte es que estas cosas no solo me interesan como fenómenos psicológicos, sino también, y sobre todo, por su significado metafísico, en la medida en que las revelaciones que aportan afectan tanto a nuestro *conocimiento* de la existencia como a la *estructura* de esa existencia. Por eso se puede hablar de una *tristeza del ser* que supera en gran medida su acepción puramente psicológica. Dicho esto, comprenderás que he acabado con la filosofía oficial. Y además, aquí en Berlín, escucho demasiada música para poder seguir leyendo a unos profesores. En vez de eso leo mucha literatura y libros de arte, y de filosofía, sí, pero que tenga una forma literaria.

Te agradezco tu apoyo para que me dieran el premio.[35] Solo tenía confianza en ti y en Eliade. Vianu y Vulcănescu son demasiado equilibrados para no tener miedo de lo que no pueden sentir. Estas personas siguen un camino tan lineal que para ellas la consideración es el mayor premio imaginable.

En cuanto a tu proyecto de boda, solo puedo felicitarte. Y no es una frase de circunstancias que me aparta de mis principios, no, estoy seguro de que no eres un hombre que se dejará destruir o aburguesar por la vida conyugal. Siempre desconfiaste de la perspectiva de una vida cómoda, confortable y equilibrada. Como vives en varios planos y en una fluidez psíquica continua, no veo cómo el matrimonio podría inmovilizarte en una rigidez estéril; en cambio tengo temores muy serios respecto a Noica,[36] a quien solo la miseria, el peligro y el sufrimiento podrían mantener vivo.

Algunos de nuestros amigos creerán que me he vuelto hitleriano por oportunismo. La verdad es que aquí hay ciertas realidades que me gustan y estoy convencido de que la desvergüenza autóctona podría ser sofocada, cuando no destruida, por un régimen dictatorial. En Rumanía solo el terror, la brutalidad y una inquietud infinita podrían cambiar algo. Habría que detener a todos los rumanos y darles una paliza de muerte, es la única manera de hacer que un pueblo superficial entre en la historia. Ser rumano es terrible; ninguna mujer te brinda su confianza

---

[35] En enero de 1934, Cioran recibió el Premio al Joven Escritor de la Fundación para la Literatura y el Arte del rey Carlos II por *En las cimas de la desesperación*. Petru Comarnescu era uno de los miembros del jurado.

[36] Constantin Noica (1909-1987), filósofo rumano.

afectiva y haces sonreír a las personas serias; si ven que eres inteligente, te tratan como a un sinvergüenza. Pero ¿qué pecado he cometido yo para tener que lavar el honor de un pueblo sin dimensión histórica?

Querido Titel, te deseo para este nuevo año tan decisivo para ti las mayores satisfacciones que hayas tenido jamás y las mayores alegrías que nunca hayas imaginado.

EMIL CIORAN

P. D.: Si quieres hacerme un favor, te ruego que llames a los hermanos Donescu,[37] que me prometieron pagarme por mis artículos, desde el 10 de octubre hasta hoy, y mandarme el dinero a la dirección de mis padres, a Sibiu, aunque sé muy bien que solo es una simple promesa. En cuanto al libro, espero que me envíes el tuyo el 1 de febrero.

E. C.

19 — A ECATERINA SĂNDULESCU

[Berlín],
19 de enero de 1934

Queridísima señora Catrinaru:

Me apresuro a contestar a tu carta para atenuar con mi rapidez el pecado de una grave descortesía. No hace falta decir que siempre pienso en las personas que no han pasado a mi lado con indiferencia y ante las que no he permanecido indiferente.

En Berlín llevo una vida que ni yo mismo entiendo bien, pues no tengo la menor idea de adónde puede llevarme. Soy divinamente perezoso. Paso mucho tiempo en casa oyendo música, sigo leyendo a Proust, estudio historia de la música y cortejo al

---

[37]   Vladimir y C. A. Donescu (1906-1990), directores del diario *Vremea* de Bucarest, fundado en 1928.

mismo tiempo a varias hitleristas, no sin complacerme en las más extrañas y dulces melancolías amorosas.

Una vez más me he dado cuenta de que soy incapaz de hacer cualquier carrera, y aunque este hecho probado no me entristece ahora, las penosas sorpresas que me esperan más adelante serán una compensación drástica y merecida a mi admirable indolencia.

También he escrito unas setenta páginas de un libro que podría titularse *Las alegrías de los hombres tristes* o bien *La tristeza de ser*, en el que trato de mostrar qué métodos permitirían vencer la desesperación, la tristeza, el sufrimiento y la enfermedad, sin ninguna pretensión de sistema.

No sé qué te podría contar de aquí, qué podría interesarte. Siento tan poca añoranza de nuestro país que mi adaptación perfecta a este ambiente elimina en mí la perspectiva necesaria para hacer consideraciones justas y dignas de interés. Me he cansado de observar las diferencias entre los pueblos, las peculiaridades de carácter, etcétera. Todos los días tengo que comer en un círculo de estudiantes extranjeros que va de Japón a Estados Unidos. No me entran ganas de dar la vuelta al mundo. En todo el planeta la gente es plana y sin interés. Lo que me decepciona de Berlín es que solo me he encontrado con personas normales y sanas.

Me alegra que trabajes en esa antología, pero me alegraría aún más si fuera una novela o cualquier otro asunto, todo menos historia o crítica literaria. Es una lástima consumir una inteligencia y una sensibilidad en cosas que otros, en cierta medida, también pueden hacer. Creo que más tarde lamentarás no haber tenido en tu juventud una fuerte voluntad de realizarte, y el doctor Dosios seguramente lo lamentará también.

No es que me permita dar consejos, pero siento que el miedo al paso del tiempo, un sentimiento de horror ante el futuro y la nada, frente al que la creación personal me ha dado la ilusión de una escapatoria, ha engendrado en mí el deseo de objetividad. Y siento que he experimentado este miedo con más intensidad que muchas personas, siento que en mí se ha perpetrado una tragedia mayor, de modo que, cuando hablo de estas cosas, esta superioridad mía en realidad me pone en peligro. No puedes ni imaginar en qué proporciones grandiosas y monumentales se despliega el sentimiento interior de mi destino.

Vivo momentos de conciencia demiúrgica y de mesianismo infinito que me embriagan, que me infunden un ímpetu extático y son una compensación fecunda a mis frecuentes depresiones. A veces me siento como un mito. En esos instantes todo lo que ha sido antes de mí y todo lo que vendrá después de mí me parece sin interés e inútil. Experimento el drama de mi propia unicidad en proporciones metafísicas.

Perdona que solo hable de mí. En realidad pienso en ti y te ruego que creas que soy infinitamente sensible a tus muestras de amistad.

Saludos a Marcela.

Uno de estos días escribiré a Dosios, a Popescu-Sibiu y a Neamțu.[38]

Un cordial saludo,

EMIL CIORAN

20 — A LUCIAN BLAGA

Múnich,
1 de junio de 1934

¡Queridísimo señor Blaga!:

Muchas gracias por el libro que me ha enviado, que a mi juicio no solo es importante por ser tan profundo, fecundo y revelador, sino también porque me ha permitido ver lo poco filósofo que soy. Tanto es así que, al leer este libro, la alegría que despiertan ideas tan novedosas se ve empañada por la melancolía de haber perdido las mías. No puedo llegar a ser filósofo o, mejor dicho, no lo soy por no ser dueño de mis ideas. Por mucho que reflexione siempre estoy presente en medio de mis ideas, que se convierten

---

[38] El psicoanalista Ion Popescu-Sibiu y el crítico literario Ionel Neamțu.

así en simples pretextos o en sombras, sin que me ilustren. Creo que en mí se consuma el destino de Iván Karamázov.

Tras la lectura de *L'Éon dogmatique* me inclinaba a creer que su filosofía era algo hermética; entonces no veía en qué sentido era fecunda. Pero después de haber leído *La Censure transcendante* me veo obligado a decir lo contrario. Mi error consiste en creer que es usted un hombre de teoría, exclusivamente; ahora estoy convencido de que ve las ideas y de que en el fondo está más cerca de Plotino, Schelling o Bergson que de Aristóteles, Kant o Hegel.

Para darle una idea de mis inquietudes, baste decir que este año el único libro de filosofía que he leído es *La Censure transcendante*. Ya no puedo leer filosofía, quiero algo inmediato, brutal, una revelación o un drama. Me abraso en una pasión profética digna del Antiguo Testamento; se apodera de mí con tal facilidad que en medio de las ideas me siento irresponsable. Mi antípoda: Transilvania.

Sin embargo, me invade la melancolía cuando pienso en un país escéptico e indiferente que tardará mucho en comprender por qué, en última instancia, la filosofía que usted hace parte de los presentimientos del misterio.

Transmita un saludo amistoso y efusivo a Giorgina.

Reciba, señor Blaga, el testimonio de mi admiración.

EMIL CIORAN

21 — A PETRU COMARNESCU

Múnich,
1 de junio de 1934

Querido Titel:

Gracias por el volumen de Eugen Ionescu,[39] que recibí hace unos días. Te confieso que nunca en mi vida había sentido tan-

---

[39] *Nu* [*No*], segundo libro del futuro Eugène Ionesco (1909-1994), que había sido recientemente publicado en Bucarest por la editorial Vremea.

ta repugnancia como con la lectura de este libro. Ante semejante nulidad intelectual y moral me ha invadido un asco sin límite. Hay tan poca tragedia en la miseria de este hombre que no puede inspirarme ni piedad ni desprecio.

Tú hablabas en *Vremea* de una especie de mito ionesquesco. No he visto nada de eso; pero si existe, entonces no cabe esperar nada de la cultura rumana. ¿Por qué no decírtelo? Después de leer el libro de Eugen tengo la impresión de haber caído en una letrina de pueblo. Declaro rotos todos los lazos personales con este hombre.

Si estuviera convencido de que al leer un libro mío alguien sintiera algo parecido, lo retiraría de inmediato. En mí también hay mucha miseria, pero siempre me ha salvado el dolor de no poder amar la vida, que expresa de forma negativa un sinfín de posibilidades de restablecimiento futuro.

Sobre lo que hago en Múnich me resulta difícil informarte. Si te soy sincero, debo confesarte que paso la mayor parte del tiempo con mujeres. La universidad me interesa aún menos que una señora mayor. Las mujeres me gustan mucho más de lo que creía.

De Bucarest no me ha llegado casi ninguna carta, de nadie. Ahora me doy cuenta, por primera vez, de que solo me queda un puñado de mis viejos amigos. Puede que la mayoría fueran simples relaciones superficiales, amables.

Ya no sé nada de ti, aparte de esos artículos de *Vremea*. A pesar de ello te tengo más presente que nunca.

Con todo mi afecto, tuyo,

EMIL CIORAN

22 — A AUREL CIORAN

[Berlín,
31 de marzo de 1935]

Querido Relu:

Si puedes, renuncia a tu vida interior: si es mesurada, entonces no tiene ningún valor, y si es excesiva, te destruye. No te recomendaría que siguieras mis huellas, porque esas huellas no se borran, te siguen.

La acción, como fin en sí mismo, es la única forma de reintegrar la vida. Sacrifícate por un no-valor, por no ser sacrificado por los valores. La política, a lo grande, es superior al conocimiento. Si sigues dedicándote a ella ya no podrás salir de los abismos de la vida interior; tienes que emprender otro camino, de una esencia distinta.

Escríbeme con tanta frecuencia como puedas y cuéntame, si es posible, cómo está Țuțea[40] (vive en el hotel Bratu); de los jóvenes, es el único que todavía me interesa.

Afectuosamente,

LUȚ

23 — A Arşavir Acterian

[Berlín,
marzo o abril de 1935]

Querido Arşavir:

A lo mejor ya sabes que he pasado un mes en París. Me he cruzado dos veces con Haig [Acterian] por la calle, pero como no pareció reconocerme me dije que quizá estaba equivocado, porque además le creía en Italia, de modo que pasé por su lado sin detenerme. La tarde de mi partida de París supe, gracias a Siegfried, que no me había equivocado. Lo lamenté mucho y maldije una vez más mis carencias, por desgracia, tan habituales.

Me gustaría que entendieras cómo me duele no poder trabajar. Leo mucho, eso sí, pero en relación con todo lo que sé, soy un ser estéril. Tengo un sinfín de proyectos, de los que seguramente muy pocos se llevarán a cabo, porque las dudas, el odio y las obsesiones siempre han superado mis impulsos pasajeros. El problema de un pasado por liquidar se plantea, en mi caso, en términos más dramáticos que para cualquier otro. Cuando digo mi pasado me

---

[40] Petre Țuțea (1902-1991), filósofo.

refiero a los últimos siete años, años de terror continuo, de indolencia y melancolía. Han determinado de tal modo mi conciencia que a veces me parece ilusoria la posibilidad de liquidarlos.

Mi principal defecto es saber hasta en sueños qué es lo más esencial. De ahí el compromiso entre la certeza de la salvación por la acción y el convencimiento de la inesencialidad de la acción, compromiso del que mi vida futura, mi segunda vida, aquí, no se va a librar. Después de pasar siete años sin hacer nada más que aumentar mis sufrimientos leyendo a los escritores y filósofos más depravados, ha llegado el momento de tomar medidas contra mí mismo. ¡Va a doler!

Te aconsejo que en cuanto puedas vayas a París. Solo allí es posible saber lo que significa un cielo melancólico bajo cuya atracción el final de los bulevares trama una brisa incitante, como en el mar; allí sientes el pasado de una forma íntima, a cada paso caminas en la Historia y ya no sufres por cosas que mueren. En el fondo, París es una ciudad triste, sin ser grave. Y París es triste porque se siente confusamente que la vida no se irá nunca de allí. Se participa a regañadientes en una agonía cuyo significado explícito se hurta a la conciencia.

Mi desastre habría cobrado una forma definitiva si hubiera estudiado en París. En una ciudad donde nada es convergente y ningún movimiento tiene vitalidad, habría tenido que repetir la tragicomedia [...]

[El resto de la carta se ha perdido].

24 — A Aurel Cioran

[Berlín],
14 de abril de 1935[41]

[...]
Creer en Dios no está relacionado con su iglesia; ya no se puede luchar eficazmente por el cristianismo, de modo que el es-

---

[41]   Carta(s) con lagunas; la fecha figura en el primer fragmento.

tudio de la teología como tal ya no puede ser una misión; tu religiosidad es el fruto de una crisis pasajera, no de una disposición orgánica; no has descubierto a Dios en ti sino en tu malestar (el cual, estoy convencido, ya no tendrá ningún contenido religioso dentro de unos años); el entusiasmo religioso es una escapatoria que, al agotarse, te dejará vacío. Etcétera. No quiero que me malinterpretes. No estoy en contra de tus convicciones religiosas, sino de tu apego a una institución muerta o que se muere. La Iglesia ha sido la institución más grandiosa, como modelo y como forma política de vida (como táctica, si quieres). Su agonía es tan larga porque su vida ha sido inmensa; la teología no dará ninguna satisfacción a tu orgullo. Quiero que estudies la mística, que, después de la música, es lo que más aprecio de todas las producciones humanas. Sin embargo, no hallarás mística en la teología, solo dogmas, historia y racionalismo velado.

Cometerás el mayor error si abandonas el derecho, porque al cabo de un tiempo también abandonarás la teología para encontrarte por segunda vez sin nada. Cuando descubrí la religión yo también estuve tentado de seguir la senda teológica. Ahora lamento no haber estudiado derecho, aunque solo fuera para tener una cultura jurídica. Como tú tienes un temperamento escéptico, el estudio de la teología aumentará tus dudas. Para las personas como tú y yo, la religión es una delicia envenenada, nos seduce con certezas que no son más que quimeras. Yo no creo en esas quimeras, pero las aprecio más que todas las realidades. La Biblia entera es un sistema de quimeras, una suma de ilusiones, que me interesa sobre todo en el aspecto político. Para conquistar el poder se puede aprender todo de Cristo y de un tratado de estrategia militar, suponiendo que se tenga ya una doctrina y una organización.

Solo creo en Dios cuando empujo mi orgullo hasta identificarme con él. Nunca creí en Dios, pero siempre me ha interesado, personalmente, en privado. Ya sabes: no como un problema mío. Con Él lo único que he hecho es pedirle cuentas. Pero frente a mis asuntos es tan pequeño como un asistente. Al fin y al cabo, Dios nunca responde.

No te pongas al servicio de Dios, no es rentable. Serás más desdichado que antes. Con el principio último hay que ser diletante. Una vez encerrado en él, ya no tendrás libertad para ir a otra parte, más lejos. Cada vez que se penetra en el último principio, es la última vez.

[...]

¿Por qué condicionar tu existencia a tu fe en Dios? En vez de trabajar para fortalecerte y tener más autonomía, sacrificas tu futuro por un ideal efímero. Entiéndeme bien: no estoy en contra de tu creencia en Dios, sino de las consecuencias que extraes de ella, que, si comparamos nuestro mundo con el de Pascal, son más drásticas aquí que allí.

No entiendo que la gente pueda creer en Dios, aunque pienso en él todos los días. Lutero situaba la religión por delante de la música; para mí la música es la expresión suprema y la religión solo ocupa la segunda posición. Las crisis religiosas son tan importantes y graves que es difícil decir si obedecen a una enfermedad o lo son en sí mismas. No juegues con tu destino; no olvides que fuera de la vida todo es ilusión.

Yo también empecé con Dios. Y desde entonces, cuántas caídas, a las que he tenido que poner fin y a las que voy a poner fin. Él no puede nada contra una voluntad infinita. He aprendido de los santos cómo dejar de depender de lo absoluto gracias a un método que es el del orgullo fecundo y calculado.

Te equivocas si crees que no me tomo en serio tus convicciones, que no las aprecio. Sufro justamente porque las tomo demasiado en serio, a lo trágico, incluso. Lo que sé es que Dios es nuestro tiempo, aunque no vive en el tiempo. En nosotros compromete su eternidad.

[...]

Siempre has sido débil, triste y abatido. Esto me ha hecho sufrir mucho, más que mis propios sufrimientos. Cuando el mal se vuelve orgánico, en una familia, entonces todo parece perdido.

No te deseo en absoluto que pases por las mismas experiencias que yo, porque además no tienes los arrestos ni la desenvoltura que a menudo me han salvado. Después de años de naufragio trato con desesperación de encontrar una orilla, una dirección, sin muchas posibilidades de lograrlo. ¿Por qué te empeñas en poner tu vida en peligro? Tú, como hombre, ya eres esclavo de la naturaleza y esclavo de la sociedad, ¡y también quieres ser esclavo de Dios! Sabes, aun así, que no se puede servir a dos amos; ni a tres.

Me dolería terriblemente que te hicieras sacerdote. Hay muchas cosas que resolver en este mundo, pero siguiendo ese camino no resolverás nada. Pasa a la acción, haz política. El espíritu ya no puede salvar a nadie. Que yo tenga una debilidad por el espíritu es mi última fuerza y mi enésima tristeza.

Cuéntame con detalle qué piensas, qué vas a hacer, qué quieres ser. Solo te doy un consejo: no tomes ahora decisiones demasiado grandes, porque después los lamentos no serán menos grandes.

[...]

25 — A sus padres

Berlín,
[abril-mayo de 1935]

Queridísimos padres:

Vuestra última carta me ha sorprendido mucho. Que Relu se haya vuelto creyente está muy bien; pero que estudie teología, es imposible. Me explico: la crisis por la que está pasando es igual que la de todo individuo que se plantea seriamente el problema. Se equivoca si piensa que no es pasajera. Alguien que hasta los veinte años no ha creído nunca en nada se equivoca, una vez convertido, si cree que su fe durará siempre. Estoy completamente seguro de que si Relu se va ahora a estudiar teología, cuando haya terminado la carrera ya no será creyente. Se forja demasiadas ilusiones si piensa que con la teología puede hacer algo; no podrá hacer absolutamente nada. ¿Sacerdote? Es malo y no le gustará. ¿Profesor de teología? No lo logrará y, si lo logra, se cansará de serlo.

Cualquier hombre pasa por momentos en que querría entrar en un monasterio, pero si toma esta decisión de repente, una vez allí la lamentará de inmediato.

Relu olvida que la teología es un oficio como cualquier otro, un oficio, y no una misión. Insisto, Relu no está hecho para la teología. Se hartaría en menos de un año. Una cosa es creer en Dios y otra dedicarse a la teología.

Mi opinión es que debería terminar la carrera de derecho; si deja el derecho por la teología no terminará ninguna de las dos cosas. Escribidle que se licencie en derecho y luego empiece teología; para entonces habrá olvidado su crisis religiosa. Todos creemos en Dios como si fuéramos los primeros en haberlo descubierto. Con el paso del tiempo se lamentan los actos cometidos durante una crisis de desesperación.

Conozco muy bien a Relu; tiene un temperamento escéptico, reflexivo y lúcido. Cuando entran en contacto con la religión, estos temperamentos lo plantean todo en términos absolutos, y después recuperan rápidamente la cordura. Si yo estuviera convencido de que la religiosidad sería duradera, en el caso de Relu, le diría que estudiara teología. Por otro lado, ¿dónde está escrito que toda persona convencida de las verdades de la religión tiene que estudiar teología? ¿Qué sucedería si todos los que creen en Dios se dedicaran a la teología? He pasado por crisis de esas yo también, exactamente igual que Relu. ¿Dónde estaría hoy si hubiera estudiado teología? Me habría visto obligado a abandonar, sería un fracasado o me habría pasado la vida entera en la insinceridad.

En cuanto a mí, me va bien. Lástima que este comienzo de trimestre haya tenido que pagar más impuestos, lo que me crea cierto apuro económico.

Un abrazo cariñoso,

MILUȚ

26 — A Ecaterina Săndulescu

[Sibiu,
julio de 1935]

Queridísima señora Săndulescu:

¡Ah! ¡Si supieras de cuántas cosas me he alejado, sin intención de recobrarlas! He vuelto a casa huraño y tímido, con un miedo inexplicable a hacer cualquier cosa, evitando a la gente y sin entender a la sociedad. Es como si llegara de otro mundo, sin ningún recuerdo de los hombres, como si me hubiera librado de mucha música y mucha soledad, de todo mi pasado, del que estoy orgulloso y del que me avergüenzo.

Trato de reencontrarme y solo encuentro los lugares de mis recuerdos. Y me pregunto con asombro: ¿es aquí realmente donde empezaron las derrotas y las victorias?, ¿es aquí donde he sido tantas veces desdichado?, ¿es aquí donde esperé consuelo? En una vida hay rupturas cuyo significado no se acaba de comprender.

Desde hace algún tiempo vivo en un asombro indefinible; no sé si me asombro del mundo o de mí mismo. Antes, el vacío acentuaba mi tensión interior, la tristeza me abrumaba; hoy me conformo con no entender nada. Ya no estoy seguro de mis negaciones. ¡Si supieras qué es lo que me hace sufrir tanto! De mis experiencias pasadas me ha quedado un estigma fatal, el desengaño se apodera de mis impulsos más espontáneos.

Quienes han sido atormentados por el miedo y la idea de la muerte, y han logrado vencerlos, han tenido que pasar el resto de su vida a una amarga distancia de todo lo que habían amado.

Ahora me gustaría hablarte de algo que no te parecerá tan raro: tengo la impresión de haber estado muerto. Quiero decir que ya no me da miedo la muerte como un fenómeno venidero, me da miedo la muerte como algo de mi pasado. Estos últimos años se me antojan una eternidad que he vivido yaciendo en las tinieblas, como en una etapa necesaria de la vida.

Mientras que los filósofos se preparan para morir, yo he tenido la sensación de alejarme de la muerte (y de los filósofos). Y cuando muera, no lo entenderé. ¡Me parece que he vivido tanto! ¡En qué estado de confusión me deja el presentimiento de las auroras venideras!

Es así como he logrado convertirme en un extranjero, y si me hubiera quedado un año más ya no habría reconocido a nadie y nadie me habría reconocido. He pasado meses acostado en la cama persiguiendo las conclusiones absurdas de algún pensamiento y leyendo únicamente a poetas y santos.

Después tendría que describirte, en páginas enteras, tantos y tantos paseos solitarios por los parques, recreando —lo quisiera o no— tantas experiencias románticas, caducas o eternas, según las dimensiones del alma y la intensidad de las meditaciones. Me gustan las ciudades con evidencia poética, que no necesitan la noche para interesar ni misterios para encantar. Y al igual que no se puede amar en las ciudades feas, cuyo ambiente paraliza, en las ciudades bellas el ambiente reemplaza al amor. En París o Dresde, cualquier mujer me parece demasiado poco; en el siniestro Berlín, demasiado. Eros se ha convertido en mi dios paralelo. Conoceré a pocas personas en este mundo. En cuanto a las cosas, ni siquiera las menciono. Toda la vida me separaré de ellas; ¡me separaré hasta de la muerte!

Estos días voy a ir a Şanta. Me entristecería no encontrar allí una radio para escucharte.[42] En cualquier caso, hazme el favor de conservar el manuscrito de la conferencia. Me alegro de que le hayas dado otros aires a tu vida, y también me alegro de los éxitos que has cosechado. Creo que muchas de tus esperanzas han quedado ahora detrás de ti y que has escamoteado lo inaccesible de muchas de tus ilusiones.

No sabes cuánto me alegro de que volvamos a vernos en Bucarest este otoño.

---

[42]   La tarde del 23 de julio, Radio Bucureşti emitirá una conferencia de Ecaterina Săndulescu sobre «El problema del sufrimiento».

Con toda mi estima y mi afecto fiel, tuyo,

EMIL CIORAN

Muchos saludos a Marcela.

27 — A MIRCEA ELIADE

[Sibiu,
diciembre de 1935]

Querido Mircea:

Seguramente te diste cuenta hace tiempo de que tengo obsesión por lo esencial, dentro de una conciencia martirizante de las apariencias. Me resulta imposible salir de las apariencias y de sus dolores sin ver en lo esencial un vacío que no me dice nada. Así, incapaz de sentirme a gusto en este mundo, llevo la obsesión por el Paraíso como única obsesión vital. No te lo vas a creer: el pensamiento o la añoranza del Paraíso llena cada instante que me concedo a mí mismo. Me resultaría imposible respirar en una atmósfera distinta de ese pensamiento, de esa añoranza.

Desde la sensación más sutil hasta la revelación más plena, todo parece moverse en una dimensión religiosa. Si mi última sensación no se define como una presencia religiosa, entonces sigo ausente del espacio que se extiende entre tierra y cielo. Los pensadores que no han sabido concebir el Paraíso me parecen estériles, tibios, ilegibles. El hecho de que el pensamiento moderno haya puesto en segundo plano el problema de la redención lo compromete para siempre. Ya no puedo leer a los filósofos y creo que no volveré a leerlos nunca. Lo que no es poesía, mística o música es traición.

Me resulta casi imposible escribir cualquier cosa. Me gustaría ser capaz de decirlo todo en una sola frase, comentarme en una carta, diluirme en un artículo. Atenazado por mi miedo, lo definitivo me aterroriza. Y no puedo ser literato ante mi angustia. Ningún pensamiento mío ha alterado la ley de la causalidad, ningún sentimiento de horror ha detenido el curso del mundo.

Me resulta imposible, querido Mircea, escribir sobre un pensador que me gusta, sobre un libro que he leído, sobre un acontecimiento vivido. Eso no sirve para nada. El pensamiento debe ser una carrera terapéutica en el plano cósmico. Me gustaría lamer todas las heridas de este mundo. Y rechazo la santidad porque es humana y no cósmica. Es doloroso pensar que solo hay santos donde hay humanos, que la santidad en el universo es superflua.

Tengo un corazón en *mi* menor. Todo lo que existe me parece destinado a alimentar una tristeza inconmensurable.

Recuerdos a Nina.[43] Un abrazo,

EMIL

P. D.: Pronto iré a Bucarest.

28 — A MIRCEA ELIADE

Sibiu,
9 de diciembre de 1935

Querido Mircea:

Tus líneas me han sacudido la tontuna en la que he vivido durante más de un mes. Desde que estoy en el ejército no he vuelto a leer nada y, en vez de pensar, desprecio el mundo. Paso cinco horas diarias en las caballerizas, el resto del tiempo se dedica a la instrucción, de modo que el Estado ha logrado que me robe a mí mismo. Me resultaría totalmente imposible escribir un artículo militarista y, aunque no puedo volverme pacifista, no me avergonzaría confesar una eventual conversión. Desde que me he convencido definitivamente de que la fuerza es la sustancia de la historia, he empezado a apreciar a los santos. Si quitamos al ejército de la historia, solo queda la gloria celestial, fruto de un deambular divino de lo humano.

Quien no aspira a la gloria entre sus semejantes para tener más derecho a despreciarlos me parece el más despreciable de los seres.

---

[43]   Nina Mareş, primera esposa de Eliade (fallecerá en 1944).

He renunciado definitivamente a participar en la vida política. Aunque tengo la impresión de entenderla bastante bien, no me gustaría nada verme condenado a ser una celebridad exterior, durante toda la vida, sin contar con que no le doy a ningún valor político mi aprobación final. Mi fórmula sobre los asuntos políticos es la siguiente: luchar con sinceridad por cosas en las que no creo.

La diferencia entre nuestros nacionalistas y yo es tan grande que mis actividades solo podrían confundirlos. Lo único que tengo en común con ellos es el interés por Rumanía. ¿Cómo vas a cambiar una mentalidad reaccionaria? Por mi parte, no salgo de mi indignación al ver que en política siempre se da preferencia a las actitudes partidistas, pero se me cae el alma a los pies ante los valores políticos vigentes entre nosotros, que ni siquiera alcanzan las dimensiones de un momento histórico.

¿Por qué te impresionan los reproches que te hacen los nacionalistas? Tiempo atrás ya comprobé que tu orgullo no está al nivel de tu valor. Yo, en tu lugar, no aceptaría ninguna objeción de nadie. Tus artículos sobre Rumanía son un documento nacionalista que te otorga ciertos derechos y justifica muchas pretensiones. Atreverse a hablar de «Rumanía en la eternidad»[44] equivale a un gran gesto político. Tener la osadía de hablar de eternidad en un país que apenas ha sido rozado por el tiempo. Lo dicho: no eres lo bastante orgulloso. Mi defecto es saber en cada momento que vivo en Rumanía. Tú tienes el refugio de Asia, yo solo el de Occidente. Pero, como rumano, en Occidente solo puedo ser un fracasado, y en Rumanía no soy más que un pesimista.

Nuestros nacionalistas deberían darte tales muestras de gratitud que llegarían a exasperarte. No sé cuántas veces siento que no soy nacionalista.

---

[44]   Título de un artículo de Mircea Eliade publicado en *Vremea* el 13 de octubre de 1935.

A pesar de todo quiero una patria, porque este mundo no es el mío. El rechazo al mundo es de esencia religiosa, y toda tristeza, si no es religiosa, es superficial. Un día le escribí a Sorana[45] que sin la religión y la música me haría portero de burdel.

Yo también siento una necesidad de contemplación absoluta, aunque sé que solo puedo alcanzar quimeras y no me hacen falta esencias. Tienes razón cuando dices que soy ambivalente. No puedo apegarme de verdad a algo sin hacer una concesión que anula ese apego.

Espero con impaciencia tu novela. Será el primer libro que lea durante las vacaciones, cuando me libre de la miseria actual.

Después de las fiestas me pasaré por una oficina o por la ONEF [Organización Nacional de Educación Fisica] de Sibiu. Aunque me han prometido de todo, recurriré a ti, llegado el momento, si hay algún problema, para que intervengas ante el general Economu.

Un saludo afectuoso a Nina.

He tomado nota de vuestra invitación.

Un abrazo,

EMIL CIORAN

29 — A MIRCEA ELIADE

[Sibiu,
25 de diciembre de 1935]

Querido Mircea:

Mil gracias por tu novela, por su dedicatoria y por los momentos que he pasado leyéndola. Una novela tan bien escrita, tan redonda, tan completa, y que al mismo tiempo revela nuestra podredumbre, nuestro fracaso latente, nuestra fatalidad secreta. *Los jóvenes bárbaros* me ha entristecido, porque me ha obligado a ver lo perdidos que estamos, lo irreparables que son los tormentos de nuestra generación, lo condenados que estamos.

---

[45]   Sorana Țopa (1898-1986), actriz, amiga íntima de Eliade.

Petru Anicet[46] me ha gustado mucho: no tiene ninguna pasión histórica y es muy poco rumano. Mandé algunas observaciones marginales a *Pagini literare*; no tienen ningún valor, porque no sé desde qué punto de vista considerarte. Te criticaba porque si hubieras querido habrías podido ser un santo. Estaba demasiado influido por mis conversaciones con Sorana [Țopa] sobre ti.

Aunque siento por ti una simpatía infinita e indefectible, a veces me entran ganas de atacarte, sin argumentos, ni pruebas, ni ideas. Cada vez que he tenido ocasión de escribir algo contra ti, he notado que mi aprecio hacia ti aumentaba. Mis sentimientos hacia las personas que amo son siempre tan complejos, caóticos y equívocos que siento vértigo cuando pienso en ellos. Se ha apoderado de mí un deseo frenético de ascetismo, de ayuno, de soledad metódica, de tormentos organizados, de desgarro sistemático.

Quizá sea el único de tus amigos que comprenda tus arranques de rabia, tu deseo de suprimir la continuidad de la vida, tu pasión por la ruptura. A veces temo que estos tormentos obedezcan a una tentación satánica, a un demonio subterráneo; entiendo demasiado bien a los ángeles y me da miedo que su caída sea lo que me acerca a ellos. Todo lo que no es historia es religión. Todo es religioso; porque la historia no existe.

Mi tragedia se debe al hecho de que, como tú, no soy un hombre religioso. Nos falta el valor necesario para guardar las distancias con el mundo.

Me enviaste un libro por Navidad; ¿cómo te contestaré por Año Nuevo? Deseándote toda la felicidad que no tengo.

Un abrazo.

Tuyo,

EMIL CIORAN

---

[46] El protagonista de la novela de Eliade.

30 — A Arşavir Acterian

[Sibiu],
9 de enero de 1936

Querido Arşavir:

Aunque han pasado muchos meses sin que lea a ningún poeta, su presencia en este mundo nunca me ha parecido tan necesaria ni reconfortante como ahora. Vivo en una zona donde confluyen la religión y la poesía y que me parece eternamente paralela al mundo terrenal. Al no haber tenido la suerte de ser poeta, por lo menos me queda el consuelo de llegar a ser alguien de quien los poetas podrían aprender algo. Tengo derecho a pensar que este deseo no es una ilusión, sí, que de mí, que ya no tengo nada que aprender de los demás, los últimos de ellos, los poetas, aún podrían aprender algo.

Mi desapego del mundo ha sido en muchos aspectos una iniciación, en especial y sobre todo en lo que respecta a muchas cosas que experimentaba sin conocerlas. Hoy sé de manera clara y definitiva que un instante de presentimiento extático redime nuestros conflictos en el tiempo y vale más que cualquier forma realizada o concebida por la razón. Sin las vibraciones de un delirio oculto y dominado, todo me parece incoloro, soso y deprimente. Me gustan las religiones paganas, narcóticas, frenéticas, y sus excesos de voluptuosidad y horror, sus oráculos, sus orgías; su arrebato, en definitiva. El cristianismo no ofrece nada: prosa divina.

Desde que hago el servicio militar, querido Arşavir, siento un desinterés patológico por lo que me rodea y también por lo que está lejos. He empezado a entender tantos elementos del mecanismo exterior del mundo que un gran desencanto se ha apoderado de mí. Hoy me echo a temblar ante muchas ideas políticas que antes me parecían evidentes.

Me dices que has escrito una apología de la guerra. En este momento yo no podría hacer algo así, ni por todo el oro del mundo. Resistiré cualquier tentación. Mi nacionalismo y mi militarismo obedecían al afán de hacer algo por este país pecaminoso, cuya perdición no quería ni quiero. En lo más hondo de mi existencia solo me atrae un desmayo paradisiaco. Lo que no es religión es blenorragia.

Querido Arşavir, gracias por tu carta de Año Nuevo. Te ruego que recibas, tú y toda tu familia, mis deseos más calurosos y mi simpatía más viva. Si puedo obtener un permiso en febrero o marzo iré a Bucarest para ocuparme de la impresión de una especie de libro.

No he vuelto a escribir a Titel [Petru Comarnescu] ni a Dinu [Constantin Noica] y lo lamento; solo me carteo con Mircea [Eliade] y con Sorana [Ţopa].

Un abrazo,

EMIL CIORAN

31 — A ECATERINA SĂNDULESCU

[Sibiu,
23 de diciembre de 1936]

Queridísima señora Săndulescu:

No sabes cómo te agradezco la agradable sorpresa de las tristezas que me has enviado. No te había imaginado tan sustancialmente triste. Creía que eras triste en tu inspiración y no en tu existencia. Las tristezas de inspiración no tienen nombre, porque no están unidas a la individualidad, representan —por decirlo tontamente— un máximo, un colmo de la epidermis. Tu tristeza tiene nombre, es única e irrevocable. Yo solo puedo respirar en esta clase de tristeza.

No obstante, creo que eres demasiado poeta para apreciar los momentos únicos en que la tristeza se torna conocimiento. Entonces saca de sí misma los elementos de otra comprensión y sustituye la objetividad del mundo por su sustancia. La tristeza religiosa es un colmo que hay que pagar por unas tristezas orgánicas infinitas.

Estoy totalmente convencido de que si lo sacrificaras todo por la poesía, podrías alcanzar una transfiguración a la que tu feminidad otorgaría un carácter místico. Las mujeres pueden estar más cerca de lo absoluto si aceptan verter sobre sus tristezas delicadas un fluido trascendente. Sin intuiciones angelicales ya no es posible vivir. Los consuelos que no vienen de este mundo son la única cosa positiva salida de la ilusión en otro mundo.

No sería sincero si no te confesara que estoy pasando por una crisis casi religiosa. No puedo ser creyente, pero sin preocupaciones religiosas estaría perdido. La religión es lo único que puede contestar a este grito: ¡socorro!

La poesía no es más que un grito. Hasta ahora ninguna poesía ha dado respuesta. Una vez más, se verifica que las preguntas de los poetas son despiadadas y su indiscreción metafísica, demasiado grande. *Nemesis*,[47] como cualquier otro libro de poesía, no resuelve nada, pero me enfrenta al carácter insoluble de la tristeza. Ni Rilke ni Baudelaire resolvieron nada. Los poetas están perdidos; aun así, si no existieran, hasta la religión me daría vergüenza...

Por ahora solo puedo desearte, para el Año Nuevo, todo el éxito que merece un libro extraordinario.

Con mi fiel amistad, tuyo,

Emil Cioran

32 — A Mircea Eliade

[Braşov],
4 de abril de 1937

Querido Mircea:

Tenía muchas ganas de ir a Bucarest estos días, pero mi pobreza esencial me ata a este espacio como si fuera un condenado. Me vengo con los diez volúmenes de *Mes cahiers*, de Barrès, con Léon Bloy, con textos místicos y con el anarquismo de los santos. Pero ni siquiera los éxtasis de santa Teresa pueden apa-

---

[47]   Poemario de Ecaterina Săndulescu publicado en Bucarest en 1936.

gar mi deseo insensato de ir al extranjero. Una avidez de espacio que en mí adquiere forma patológica.

Justo ayer hablé con una chica que ha recibido una beca para ir a Roma y me dijo que en este mundo todo tiene arreglo. La comisión de la Casa Rumana está formada por varios profesores y no sé cuántos idiotas. ¿No es un crimen mandar allá a todos esos melenudos analfabetos y a esos historiadores? He pensado en usar como pretexto un proyecto de investigación sobre los orígenes del espíritu científico, la metodología prerrenacentista, tonterías por el estilo.

Si no tuvieras teléfono, no me atrevería a pedirte que le preguntes a alguien cómo está el asunto. Aquí no tengo la menor posibilidad de hacer nada. Tengo las manos tan atadas como en la época en que era completamente anónimo. Me han dicho que [Constantin Rădulescu-]Motru está en la comisión. Solo temo una cosa: que sea demasiado tarde. En cuanto a las cartas de recomendación, se las pido hasta a Dios.

¿Qué haría yo si me quedara en Rumanía? Como no puedo incorporarme activamente al movimiento nacionalista, mi presencia aquí no tiene ningún sentido práctico. Además, me gustaría escribir un libro sobre Italia, hacer uso de mi melancolía. No te pediría este favor si no conociera tu generosidad automática. Ten compasión, mándame a Italia.

Un fuerte abrazo a Nina y a ti.

Emil Cioran

P. D.: Creo que pasaré por Bucarest antes de ir a Iași para el examen de capacitación.[48] Como me he mudado, hay que escribirme a la dirección: Liceo Andrei-Șaguna, Brașov.

---

[48] Equivalente a oposición a cátedra.

33 — A Petre Țuțea

Sibiu,
28 de julio de 1937

Querido Petre Țuțea:

Esta fotografía, en la que podrían tomarnos por peticionarios chasqueados o por profetas dementes perdidos en la zoología rumana, me ha recordado nuestra proximidad en la maldición de un mismo destino. Ambos estamos condenados a protestar en este atolladero del mundo y a mantener nuestra mente insomne con el sufrimiento. Desde luego, tampoco podríamos ser felices en cualquier otro rincón del universo —porque no descubriríamos a Dios en ninguna parte y en todas sabríamos lo que es la muerte—, pero el hecho de que aquí la gloria me parezca inútil e imposible me llena de una amargura que en otros lugares es inexistente e ininteligible. Estamos tan solos que ya solo podemos colaborar con Dios. Es mi único pensamiento y mi única escapatoria. Creo que tú ya te diste cuenta hace mucho tiempo de esto: nadie existe. Lo cual me consuela incluso de la falta de gloria; comprendo que a fin de cuentas lo que eres no tiene la menor importancia desde el momento en que te encuentras solo bajo el sol.

Soy un Diógenes que ha apagado su linterna cuando te ha encontrado. Por fin, un hombre. Y también salgo de mi tonel para darte un abrazo.

Emil Cioran

34 — A Mircea Eliade

[Brașov,
16 de septiembre de 1937]

Querido Mircea:

La inminencia de un apuro económico me empuja a pedirte que llames por teléfono a [Petre Georgescu-]Delafras para que me devuelva los cinco mil lei que le adelanté para *El libro de las quimeras.*[49] Cuando lo he intentado yo, solo he recibido respuestas evasivas, y estoy seguro de que insistir no serviría de nada.

Sé de buena tinta que han vendido los quinientos ejemplares que prevé el contrato para la devolución del dinero. Si está de acuerdo, que me lo mande a la dirección del liceo Şaguna, en Braşov. Si no, ¡sabré cómo vengarme! Soy un autor sin lectores, desollado por editores bestiales. ¡Nada de esto tendría importancia si no fuera por los dolores de mis viejos reumatismos, mis nervios y una maldición saturnina!

¡Y además, tener una conciencia que intimidaría a Buda y ser profesor en un lugar de provincias!

En mi espermatozoide estaba escrito: desgracia.

Un abrazo a Nina y a ti, con todo mi afecto.

E. CIORAN

35 — A PETRE ŢUŢEA

París, 25 de noviembre de 1937

Querido Petrică:

Poca gente, creo, tiene la suerte de que se medite sobre su destino en la brisa crepuscular de Venecia. Sin embargo, no me cabe duda de que he comprendido tu existencia, hasta llegar al patetismo, en esta ciudad de felicidad melancólica. Fue en una tarde de noviembre, aérea y profunda, cuando se me reveló el sentido de tu presencia en el mundo, de la unicidad de tu aparición y —¿por qué no decirlo?— de tu inmensa soledad. Sé muy bien lo poco que te gusta que te hagan el mayor de los cumplidos que se le pueden dedicar a un hombre: su soledad absoluta, pero, querido Petrică, si la gente te comprendiera, ¿nuestra amistad seguiría teniendo sentido?

---

[49] Petre Georgescu-Delafras (1885-1963) publicó *El libro de las quimeras* en su editorial, Cugetarea.

Puede que yo sea el único que ha comprendido la dimensión shakespeariana de tu ser, y me gusta creer que eres el único que conoce el carácter incurable de mi paso entre los cretinos. Te escribo desde la ciudad donde todas las dudas están permitidas y que añade a mis sombras un aroma de gangrena. Me encanta poder vivir aquí solo, en una soledad inimaginable, lejos de los Balcanes, donde no estás más que tú para justificar la salida del sol.

Con mi afecto fiel,

E. CIORAN

36 — A SUS PADRES

París, 2 de diciembre de 1937

Queridísimos padres:

He recibido la postal y ya me imaginaba lo que diría. Antes de publicar este libro [*De lágrimas y de santos*] sabía que no os iba a gustar, que no podríais admitir esas ideas, nacidas de una amargura y unos dolores físicos que nadie puede sospechar. Tres años de insomnio —a una edad como la mía— me han dejado en el cuerpo y en el alma unas toxinas de las que solo puedo deshacerme con la ayuda de paradojas amargas y esa mezcla de cinismo y religiosidad.

En vez de quejaros, deberíais entenderme. Mi camino no se parece al de los demás, aunque sé que solo eso podría contentaros. Todo lo que escribo, tengo que escribirlo. No puedo hacer otra cosa. Cualquier concesión sería un suicidio intelectual. No me afecta ningún ataque, venga de donde venga. Aunque el mundo entero estuviera contra mí, no daría un paso atrás.

De todos modos me duele que también vosotros, que sabéis todo lo que he soportado —y por eso podéis adivinar de dónde salen mis ideas—, os suméis a la protesta muda o explícita de los demás. Mi ironía, cuando me dirijo a los santos o a Dios, no es una broma ni son simples juegos de palabras, sino el fruto de una fe desesperada y el suplicio de un hombre que ve las cosas con demasiada claridad para adherirse ingenuamente a una creencia cualquiera.

De modo que no os asustéis si alguien expresa su indignación o su rebelión. No os pido que os pongáis de mi lado, algo que no le pido a nadie; pero os ruego que entendáis y no os alarméis en vano.

Cuantos más adversarios tenga, más se inclinará hacia mi lado la balanza de la verdad. He pensado más en Dios que todos los teólogos de Rumanía.

Además, ¿qué le voy a hacer? Siento las cosas así. ¿Acaso no debería escribir lo que siento? Si no lo hiciera, me convertiría en un loco o un fracasado. De modo que elegid.

Lamento muchísimo que todo lo que he podido escribir hasta ahora no os haya dado más que disgustos. Pero pensad también en mis tormentos. Podríais ver que solo escribo para aplacar una desdicha esencial.

* * *

He perdido la dirección de Puiu Cristea y hasta la fecha no he podido quedar con él para darle el dinero; los pocos rumanos a los que he visto tampoco la tenían. Le he escrito a la Facultad de Derecho, pero todavía no me ha contestado. De todos modos creo que pronto daré con él.

He tomado otra habitación (a 350 francos) en el mismo hotel; la buhardilla era demasiado fría, no podía hacer nada. Esta es muy buena.

Hoy he ido a ver a Gusti,[50] que me ha recibido muy calurosamente. Como me dijeron que tenía dinero para dar le he pedido un poco yo también. Está de acuerdo en varios cientos de francos, que me servirán para saldar mi deuda con Cristea.

---

[50]   Dimitrie Gusti (1880-1955), sociólogo rumano.

También he decidido ir al médico, por mis piernas, porque estas lluvias —París es muy húmedo y malsano— han despertado mis viejos reúmas.

Relu no ha vuelto a escribirme.

Un cariñoso abrazo,

EMIL

37 — A MIRCEA ELIADE

París,
13 de diciembre de 1937

Querido Mircea:

Siento la necesidad de contestar inmediatamente a tu carta, dado que todo lo que he vivido aquí desde hace un mes confirma tus apreciaciones sobre Rumanía. Pero antes de eso debo hablarte de cosmología. Cuando estaba allá, creía que tus estudios se quedarían en intentos desiguales, pero aquí, al leer tu *Cosmología*,[51] tan compleja, me he dado cuenta de que una recopilación hecha durante varios años te ha llevado a escribir una síntesis de filosofía de la historia que pone en evidencia todo el fervor y el ingenio de tu erudición. Nosotros también debemos especializarnos para que tú no parezcas demasiado insólito. No te imaginas lo indefinible que es esta sensación: leer el libro de un amigo que no nos hace ninguna concesión. Tu erudición, en una generación de especialistas en retruécanos, te añade un nimbo de singularidad. Țuțea y yo también tenemos nuestra escapatoria, él a través del genio, yo, de la tristeza.

Desde que estoy aquí he asistido a todas las asambleas políticas de cierta importancia. No es que me interesen en realidad, pero quiero saber qué etapa de su historia ha alcanzado Francia y lo que nos queda por hacer en nuestro país. Tanto la izquierda como la derecha —pero sobre todo esta— afirman que Francia se ha convertido en una potencia de segunda fila

---

[51]   *Cosmología y alquimia babilónicas* (1937).

y que solo un resurgimiento inmediato detendrá su carrera vertiginosa hacia la decadencia. Doriot[52] —que es el mejor de los nacionalistas, con cualidades de jefe— decía hoy mismo en un mitin que Holanda tendrá el mismo destino que Francia si en los años venideros no lleva a cabo una revolución nacional. Es aterrador comprobar que, incluso en un ambiente de gran prosperidad, aquí reina el pesimismo más negro. Hay un montón de asambleas en las que solo se habla de la agonía de Francia.

Rumanía no puede levantarse y hacer frente a Occidente sin una revolución de derechas. Más que nunca, estoy convencido de que la Guardia de Hierro[53] es la última oportunidad de Rumanía. La democracia ha convertido Francia en una sociedad y no en un Estado, en una colectividad y no en una nación.

Todo intento de dinamitar la democracia en Rumanía es un acto creador. Allí eso lo sabe cualquier hombre informado. La nueva generación —considerada en masa— es mucho más interesante que aquí. Los jóvenes nacionalistas franceses son... cuzistas.[54] Mentiría si te dijera que no amo Francia. París es una ciudad a la que me entrego con voluptuosidad, aunque no disfruto de sus placeres decadentes. Soy sumamente pobre (mil francos mensuales) y me va bien así, ya que de todos modos estoy condenado al aislamiento.

Es curioso que nunca te gustaran ni París ni Baudelaire. Eso explica nuestras diferencias de temperamento. A la tristeza le viene bien París. Te ruego encarecidamente que me envíes *Cuvântul*. Abóname, porque también quiero escribir ahí para librarme de las perspectivas de la pobreza. *Sânzana* me parece demasiado vaporoso, demasiado lejano. Tendría la impresión de colaborar en una revista de astrología. Ya sabes que escribir no

---

52 Jacques Doriot (1898-1945), político francés.
53 Movimiento fascista fundado en 1927 por Corneliu Zelea Codreanu (1899-1938).
54 Alusión a los partidarios de A.-C. Cuza (1857-1947), académico, profesor universitario y político de extrema derecha, dirigente del Partido Nacional Cristiano, menos radical que la Guardia de Hierro, cuyo recurso a la violencia condena.

me depara ningún placer. Solo me pongo manos a la obra en mis horas bajas o cuando necesito dinero.

Un afectuoso saludo a ti y a Nina.

EMIL CIORAN

38 — A PETRE ȚUȚEA

París,
19 de enero de 1938

Querido Petrică:

Te habría escrito hace mucho si no me hubieran dicho que habías partido en misión de propaganda por una causa «perdida»; aunque no veo cuál podría estar ganada.

En mi opinión, para una mente infinitamente superior a la vana agitación de allá, la indiferencia es la única solución, y siempre he condenado tu generosidad, la falta de narcisismo de un hombre al que la introspección puede dispensar del resto del mundo cuando él quiera. ¿Por qué malgastas tu talento en un teatro de periferia, por qué desperdicias tu genialidad bajo un cielo desprovisto de infinito?

Soborna a alguien o, si quieres, a varias personas para que escuchen los tormentos de tu espíritu, de lo contrario la gente no te perdonará nunca que se lo hayas dicho todo *gratis*. El Universo es un aquelarre de burgueses atolondrados por su propia mediocridad, y Dios dictó sus leyes durante un congreso de tenderos.

Cada vez que leo algo inteligente pienso en ti, y tu clarividencia y el tono patético de tu entendimiento despiertan en mí la imagen de un siglo XVIII meditando sobre el Apocalipsis. Desde que estoy en Francia he empezado a apreciar ese siglo, que no podemos desdeñar sin extraer la inteligencia de la Historia. He recordado con placer la época en que Sorin[55] y tú,

---

[55] Sorin Pavel, «ese Stavrogin valaco» (Cioran *dixit*), que estudió filosofía en Bucarest y en Berlín.

en Berlín, hacíais un magnífico elogio de la Ilustración mientras yo solo veía aberración en ella. No sé por qué, pero parece que desde entonces todos hemos envejecido y nos hemos comprometido; hemos adoptado demasiadas «poses» y cada año que nos acerca a la muerte añade un poco más de soledad a nuestras relaciones.

Rumanía es tan insignificante en París como en Berlín, a diferencia de que en Berlín era *dort unten* y aquí es *là-bas*.

Con todo mi afecto,

EMIL CIORAN

39 — A OCTAV ȘULUȚIU[56]

París, 2 de febrero de 1938

Querido Șuluțiu:

Llevaba mucho tiempo queriendo escribirte, sobre todo porque en mis noches parisinas reaparecen a menudo los temores que tenía en Brașov, esa ciudad de la que creía haber salido para siempre. No quiero volver al pie de Tâmpa,[57] en su sombra inconsolable, refugio de un horror que trato de olvidar. Tendré un recuerdo funesto de esta ciudad, pero tú sí que puedes amarla. La crisis religiosa que tuve allí alteró mis tejidos y necesitaré mucho tiempo para poder disociar ese paisaje de mi desdicha. ¡Por no hablar de la vida de profesor, más degradante, en mi amargura, que las tinieblas del gueto!

En cuanto a París, no puedo decirte nada salvo que hasta ahora no le he encontrado ninguna pega. Si en un momento de perfección soñadora y melancólica hubiera *encargado* esta ciudad, no habría podido salir más a mi medida. Tanta poesía te dispensa de la música.

De nuestro país no recibo casi nada, ni dinero ni cartas. Salvo de Eliade, que hace poco me recordaba que *De lágrimas y de*

---

[56] Escritor rumano nacido en 1909 y muerto en 1949.
[57] Colina alta que domina la ciudad.

santos me ha hecho perder la simpatía de mis «amigos» de Bucarest, lo cual no me entristece en absoluto. Yo mismo había salido de allá con la sensación de una separación total, acentuada aquí hasta volverse irremediable.

Con todo mi afecto,

EMIL CIORAN

40 — A PETRE ȚUȚEA

París,
20 de febrero de 1938

Querido Țuțea:

Para alguien que ha estado mínimamente contaminado por el romanticismo alemán, la música y la metafísica, Francia tiene el encanto superficial de una anécdota. Un país que vive de fórmulas vacías pero no exaspera nunca, porque a todo le pone gracia. Me entra una sensación de libertad infinita cada vez que me digo que los franceses no tienen nada que enseñarme. El «ingenio» empieza donde termina su inquietud. Los que admiran a Francia sin una pizca de desprecio son unos ingenuos ridículos. No es menos cierto que cada vez que me meto con ella o le dedico una sonrisa irónica, mi inteligencia protesta en mí y la defiende con obstinación. Porque Francia es el seudónimo de la inteligencia. Cuando me decías que entiendes por inteligencia lo que los franceses entienden por tal, te adelantabas a una experiencia que tengo a diario. Aquí la estupidez está castigada por la ley, y estoy seguro de que si denuncias a un cretino lo expones a que sea detenido de inmediato. Imbéciles los hay a porrillo, pero cretinos ninguno. Una criada lleva a La Rochefoucauld en la sangre, y un tendero te despreciará si descubre que eres un iluso. Spengler escribió su libro[58] pensando en Francia, y te ruego que imagines con qué fruición saboreo

---

[58]   *La decadencia de Occidente* [*Der Untergang des Abendlandes*], ensayo publicado entre 1918 y 1922 por el filósofo alemán Oswald Spengler (1880-1936).

el crepúsculo de una gran cultura, la degradación de la vitalidad de un pueblo, el pánico lúcido de una sociedad. Un país sin juventud, sin ambición y sin prejuicios. Si no existiera el peligro que la amenaza desde el exterior, cualquier ciudadano declararía públicamente que Francia ya no tiene nada que hacer. Es verdad que lo ha hecho *todo* y que sus pulmones ya solo respiran por orgullo, pero eso no suaviza un destino irreparable. Una Rumanía legionaria[59] podría, dentro de unos años, hablarle a Francia sin ningún tacto diplomático, porque nada provoca aquí mayores complejos de inferioridad que los fenómenos de afirmación instintiva. Francia no tiene nada que oponer a la fuerza, aparte de la paradoja. Ha recurrido a ella en todos los fracasos de su política exterior e interior. Tu extraña pregunta —si los franceses siguen en el poder— podría, más pronto de lo que cabe pensar, reducirse a una evidencia. Francia es un todo que tiende a no ser nada, Rumanía es una nada que tiende... pero ¡ay!, olvidé que Pitpalac[60] la arrastra a un destino funesto y ridículo.

Un abrazo,

EMIL CIORAN

41 — A JENI ACTERIAN

París,
28 de marzo de 1938

Querida Jenny:

Me disponía a partir para pasar un mes en el sur de Francia sin sospechar ni por un momento que un signo de vida alegraría mis cansadas ensoñaciones ¡cuando recibo tu carta, de una solicitud tan delicada y una humanidad tan profunda, tan conmovedora!

Sería un estúpido y un mentiroso si ocultara la alegría que he sentido al leer tus apreciaciones, sobre todo porque las noticias que

---

[59] Alusión a la «Legión del Arcángel san Miguel», otro nombre de la Guardia de Hierro.
[60] *Pitpalac:* en rumano, grito de la codorniz y sobrenombre del rey Carlos II.

llegaban de nuestra tierra me revelaban la oscura estupidez de los comentarios a ese libro [*De lágrimas y de santos*]. Sin hacerles caso, contento de poder saborear la poesía encantadora y fatal de París, he cultivado una holgazanería soñadora y desprendida, olvidándome de todo el mundo, empezando por los amigos, y amando las cosas, solo ellas. Ahora no se interpone nada entre ellas y yo; el mutismo de los objetos me lo dice todo, mientras que la gente ya no puede decirme nada. Intento limitarme a mirar, sin atribuir a los mortales el menor esplendor fúnebre, porque no lo merecen.

Lo que me escribes sobre ese Dios (que he «encogido» a propósito y no sin fundamento) en realidad obedece a un tormento espantoso y sin solución. Nuestro defecto es tener la suficiente pasión para acercarnos a Él, pero no el suficiente candor para creer.

A mi juicio, todos esos creyentes honorables y establecidos heredan de Dios, como nosotros, los demás, la posibilidad de la desdicha. Si fuéramos libres de creer, ¡cómo no íbamos a tomar también nosotros ese baño de imbecilidad, esa refrescante embriaguez de lo absoluto! Pero solo nos queda el fardo de la lucidez, que estoy dispuesto a cargar hasta el final, sin piedad ni compasión por mí mismo. Dices bien que es imposible estar solos con Dios, y que al preferir la soledad a Dios, la suspensión de la fe nos lleva a nuestro centro, y no al desastre individual que acarrea el apego a la Divinidad.

Para mí, la vida solo tiene sentido como sed de desdicha, por sus delicias melancólicas y por esas voluptuosidades que mezclan el éxtasis con la destrucción. Soy un hombre perezoso, incapaz de trabajar y de sacrificarse, que se dispersa en fragmentos y bocetos. Tampoco he estado nunca a la altura de mis tristezas. ¡Sentir que tienes muchas cosas que decir sin estar corrompido por el instinto ni por las ganas de crear!

De todas las grandes contorsiones religiosas solo se conserva un sabor de vacío en el ser, que no se puede vencer de ningún modo. ¡La sensación precisa de no tener acceso a nadie, de que, recogido en sí mismo, uno podría superarse, inundarse, dejar de reconocerse, crecer sin fin hacia fuera y perder hasta el recuerdo de sus sufrimientos! La soledad me parece un bien tan grande que solo puedo admirar a Dios antes de la Creación. Después, lo Absoluto se volvió sociable; pero no con nosotros.

Y como el punto más alejado de Dios es en este momento [hay una línea cortada]

Volveré a París a finales de abril, a la misma dirección. No hace falta que te diga que cada palabra tuya recibe la afectuosa amistad de

EMIL CIORAN

42 — A JENI ACTERIAN

Île de Bréhat,
17 de julio de 1938

Querida Jenny:

Si se encontrara un remedio contra la belleza, contra sus tentaciones destructivas, sería el primero en tomarlo. Soy demasiado débil o víctima de una neurastenia demasiado sutil, me cuesta soportar el peso de los paisajes.

No son las fealdades de la vida, ni los tormentos, ni las desdichas, las que me han hecho envejecer prematuramente, sino unos éxtasis agotadores en unas puestas de sol solitarias. Ellos me han reducido a una convalecencia ininterrumpida y a sentir orgullo en el fracaso, a un restablecimiento balcánico, a los que me he abandonado desde mi primer instante de reflexión y amargura.

Querría secar todos los mares para huir de este absoluto inmediato y de la perfección melancólica a la que en secreto aspiro cuando estoy cerca de la vanidad marina. La ventaja del mar sobre la música o sobre el amor es que no es de factura humana y por eso no se guarda en el corazón. Gracias a lo que ya no es humano en mí, descubro el mar escuchándome.

Con toda mi amistad,

EMIL

43 — A Petre Țuțea

París,
15 de octubre de 1938

Mi divino amigo:

Solo querría escribirte citas de Job, para estar lo más cerca posible de mí mismo, pero también —lo que es más doloroso— de las preocupaciones de nuestro país. Es un «seísmo» directo, por usar tu expresión, que ya no tiene nada de superlativo.

¿Comprendes cómo me siento aquí? Cada persona que me encuentro me pregunta: ¿cuántos días o semanas va a durar Rumanía? Le ha llegado su turno.

Y lo que a nosotros nos parece imposible, una invención estúpida, por aquí circula con frecuencia. Tanto dentro como fuera, somos un país ficticio. Sumido en la pesadumbre por un destino sin sentido, encuentro consuelo en la metafísica alemana, me distancio del mundo con el infinito de la música teutona. Me enredé demasiado en el devenir: en las mujeres, en París, en la esperanza y en la inteligencia. Me gustaría ser un cretino, como los que han compuesto grandes sistemas, perder el miedo al ridículo de las construcciones metafísicas, no avergonzarme de decir «verdadero», «bien», «bello» y poder alzar por fin una mayúscula delante de cualquier trivialidad, ufano y confiado en la evolución de mi estupidez. ¡Qué no daría yo por convertirme en una especie de patriota de la filosofía, dispuesto a darme golpes de pecho en nombre de la Razón, a sufrir por el principio de contradicción y a derramar mi última gota de sangre por un epiquerema!

Si tuviera dinero volaría a Bucarest para pasar veinticuatro miles de horas conversando contigo y luego volver para siempre a *Pariz* (como dicen los transilvanos). ¿Cómo haces para mantenerte en ese ambiente? ¿Todavía no has alcanzado la posmelancolía de los cínicos? Yo padezco un incurable *schlechte Unendlichkeit*[61] de la conciencia.

Un abrazo de tu servidor y amigo,

Emil Cioran

---

[61] «Infinito malo», fórmula de Hegel.

44 — A JENI ACTERIAN

París,
28 de noviembre de 1938

Querida Jenny:

Perdona por no haberte escrito en los últimos tiempos, aunque he pensado en hacerlo muchas veces, no como una obligación sino como una deuda de la amistad y el cariño. Pero la vida que llevo en París me empuja día tras día hacia el desastre interior y me impide participar en mis propios sentimientos, en mi propio pensamiento. Nunca me creí capaz de tal fracaso, nunca creí que el miedo a mí mismo podría llevarme a semejante disolución, a semejante vacío.

Deambulo de la mañana a la noche entre emigrados sin interés, imbéciles, y voy de café en café, en un peregrinaje absurdo afinado en la escala de la demencia.

¡Y pensar que he llegado a disuadir a otros del suicidio, estando yo más cerca de él que nunca, qué digo, estando más allá! Si no tuviera una sed infinita de tristeza, si no amara con pasión este hundimiento en la desesperación, no podría soportarme y pondría fin a mi pensamiento sin piedad ni pena.

Me gustaría estar lejos, sin nadie, sin Dios, sin océanos y sin mí. Pero ¡teniendo en la sangre esta tentación de desgracia!

Perdona que te escriba esta clase de cosas, que no obedecen a una desolación alocada y momentánea, sino a una caída inscrita en mi expiación diaria. Bien podría ser que estuviera enfermo. Pero ¿qué haría yo, en realidad, con buena salud? ¿No me conduciría a un desastre aún mayor?

Siento que ya no puedo tener amigos, que ya no puedo tener a nadie. Solo una lepra podría saciar mi sed de soledad.

¡Y pensar que sigo cortejando a las mujeres, hablándoles de matrimonio, de «enamoriscarme» y «desenamoriscarme»!

Quise escribir un libro sobre Lucile de Chateaubriand, pero la pereza, la falta de aplomo, la depravación de mis pensamientos, todo eso me ha impedido rendir homenaje al más extraño ejemplo de melancolía. Solo soy competente para las agonías. ¿Qué va a salir de esta levadura que comparto con París?

Si no te importa, escríbeme y no tomes a mal este desvarío fatal.

EMIL

45 — A PETRE ȚUȚEA

Menton,
Viernes Santo [7 de abril] *1939*

Querido Petrică:

He vuelto a bajar a la Costa Azul, entre esos ingleses calcinados, cansados de su riqueza y desencantados de su imperio, para consolarme del vacío a su lado y confortar mis aburrimientos con ciertos destellos que admiro por vanidad. Estar rodeado del falso esplendor de esos millonarios y del mar es la única manera de soportar mi condición de valaco decadente. ¡Llevar la conciencia del ocaso de un imperio a un pueblo ahogado en su gestación! Tú eres un hijo de pope que se burla de Hegel y yo otro que se irrita con la trivialidad edificante de Beethoven. El pueblo de *allá* se salva de su ausencia de apocalipsis gracias a nuestros esfuerzos y los de nuestros amigos, que podemos contar con los dedos cortados.

Lamento no sufrir alucinaciones: improvisaría una conversación con las voces del mar para olvidar a los hombres y sus mujeres. Mi destino de exenamorado en un mundo de reproducciones inútiles y repetidas me acerca más que nunca a la imbecilidad de los elementos, a las no-respuestas límpidas de la naturaleza.

En tu carta de Budapest me hablabas de placeres de «campesino advenedizo». Yo solo conozco los disgustos que depara empobrecerse en el mundo.

Con el afecto antiguo y nuevo de E. C.

46 — A Jeni Acterian

París,
26 de julio de 1939

Querida Jenny:

Si hubiera sabido que te quedabas tan poco tiempo en París habría vuelto antes de los Pirineos. Siento mucho no haberte visto, porque tampoco tengo pensado volver próximamente a nuestra tierra. Prefiero mil veces quedarme aquí, cumpliendo mi destino de zascandil a fuerza de sufrimientos y viajes, perdiendo irreversiblemente los lazos que creía que me ataban a los demás.

Ninguno de mis conocidos sospecha el drama que me empuja a esta existencia de nómada, el tormento que hay detrás de este vagabundeo del que estoy orgulloso. En año y medio he pasado seis meses viajando por las orillas de los mares y las cumbres de las montañas. No tanto por curiosidad de ver, de conocer, de volver a descubrir, como por un afán de ahogar en la velocidad o el cansancio una melancolía cuya intensidad llega al límite cada vez que me concentro en mí mismo. Seguramente conoces este horror a pensar, este miedo a sentir cómo se trama una idea que luego te horada el cuerpo y la mente. Cada vez que esos escalofríos se apoderaban de mí en los Pirineos o en otra parte, en bicicleta o corriendo, trataba de agotar la energía que me obligaba a pensar. Pocos habrán sentido como yo la necesidad de conocer almas simples y de ejercer ese donjuanismo nacido de la desesperación, el asco y la pasión.

No puedo decir que tenga mala suerte. Si no hubieran sido más que esos momentos pasados en no sé qué cumbre de los Pirineos, donde, solo, por encima de las nubes y bajo un cielo terriblemente cercano, embriagado por el delirio purificado del aire enrarecido, percibí la inutilidad de los sentimientos, la inexistencia de lo humano y la única realidad del éxtasis, si no hubieran sido más que esos momentos, yo también habría tenido derecho a considerarme un privilegiado. El hecho es que mi felicidad no se compone de ningún elemento de la vida. Lo que decía Flaubert de sí mismo encaja a la perfección conmigo: «Soy místico y no creo en nada».

En la práctica, no hago gran cosa. No soy ni quiero ser escritor. Aunque en mi alma llevo algo que recuerda al arte, está comprometido por mi necesidad de lo absoluto, mi holgazanería y mi hastío. No obstante, es posible que algún día llegue mi hora.

Debes saber que «sufro» en Rumanía. A ellos puedes transmitirles mis saludos.

A ti, toda mi amistad,

EMIL CIORAN

47 — A MIRCEA ELIADE

París,
1 de enero de 1940

Querido Mircea:

Uno no puede imaginar la felicidad como no sea en un hotel parisino, leyendo poetas ingleses y soñando despierto, sin pensar ni esperar nada. Es más o menos lo que hago aquí, salvo por algunos detalles. Si no fuera por el destino de ese país que todavía me persigue, llegaría a una especie de arreglo con los asuntos de la vida y esperaría una forma de armisticio con mi incalificable cuerpo, roído por enfermedades a las que, por otro lado, se lo debo todo. Ahora, cuando me invaden tristes pensamientos, me doy cuenta de lo mucho que me importa Rumanía y lo desdichado que me sentiría si desapareciera. Ese colapso sería lo único que les faltaría a mis propias pérdidas.

Hoy he ido a la iglesia rumana de aquí; solo una vez he acudido con ese sentimiento. De Venecia a Roma leí tu *Fragmentarium*. Creo que eres más tú mismo en el ensayo que en la novela. En esta haces un esfuerzo de objetividad, te vuelves ajeno a tu voz, a tus pulsaciones, a tus errores e ilusiones, mientras que en el ensayo estás presente casi físicamente. La alegría que te deparan las ideas, los libros, los descubrimientos, te permitirá librarte —hagas lo que hagas contra ti mismo (y haces mucho)— del fracaso.

Mi defecto fundamental es que no intento nada efectivo contra mí. Rehúyo toda responsabilidad, simplemente para no quedar atrapado en unas redes ajenas a mi sentido secreto y a las esencias dolorosas que me atormentan. Por eso mi vida, en el plano biográfico, carece de interés, de generosidad, y es estéril. He amado tanto la soledad y el egoísmo de la melancolía que he chasqueado a todas las amistades y los afectos que me rodeaban.

Me he permitido no ser sincero en nombre de los sufrimientos que solo yo conozco. Cuando uno siente que está perdiendo el alma, no puede aferrarse —sin reservas— a ninguna ingenuidad ni a ningún corazón.

París es como antes pero menos distinguido, menos encantador, sin sus luces. Cuando salgo por la noche a sus calles desoladas me encuentro a mí mismo y me alegro. Esta ciudad perdía mucho a causa de su alegría y su gente. La atmósfera crepuscular es perfecta para un momento histórico así. ¡Qué extrañas son estas emanaciones de decadencia, cómo te envuelven los signos del alejandrinismo!

Un abrazo a Nina y a ti,

EMIL CIORAN

48 — A JENI ACTERIAN

París,
15 de enero de 1940

Querida Jenny:

Si hubieras sabido lo que gana París sin gente y sin luces te habrías decidido, creo yo, a venir aquí. Hoy he mirado la ciudad con más atención que nunca, envuelta como siempre en su bruma azulada, meditativa, y he tenido la impresión de que cada viejo edificio murmuraba para sí: «Ya basta. No puedo más».

A veces pienso que debería quedarme aquí, morir con estos edificios, envejecer con estas cunas ideales de mis cansancios. Si me marchara, ¿qué haría sin la poesía de estos bulevares y estas callejuelas estrechas? Estoy sincronizado sin remedio con la decadencia de esta ciudad. ¿No es mi cansancio el que me obliga a bajar a su nivel espiritual, y no me sitúan mis temblores nerviosos en el fin de siglo escrito en los rostros?

Me faltan dos cosas para estar completo o ser libre en los espacios del corazón: España y el desierto. Si encontrara en el mundo las sierras y los territorios vacíos que llevo dentro, daría un paso decisivo para conocerme a mí mismo. No lo creerás, pero ¡pienso muchas veces en los saharas del universo y salgo corriendo hacia allí cuando me veo obligado a soñar con ellos desde un café!

Siento mucho que no hayamos podido conversar más en Bucarest. Has alcanzado un grado de lucidez casi inconcebible en una chica. Por si fuera poco... en Rumanía. ¡Qué sola debes sentirte! Yo, por lo menos, he tenido la suerte de encontrar un ambiente propicio para desbaratar el alma y darle rienda suelta. Si mi desgracia no fuera intemporal, sería un hombre indecentemente afortunado.

Pero tú debes conocer ese mal sanguíneo que el tiempo no remedia, ese mal infinitamente doloroso del que querríamos librarnos para añorarlo después con furor. Nada me consolaría si me librara de esta maldición de la que huyo. Dentro de mí pelean un Don Juan marginal y un santo. Ya no intentaré resolver este drama —sería inútil— ni elegir un camino. De la mañana a la noche me embriago de asuntos pendientes.

Un cordial saludo,

EMIL

49 — A Henry Corbin[62]

París,
27 de mayo de 1940

Mi querido amigo:

Pido disculpas por contestar tan tarde a su carta. La he recibido en estos días. Hace unos meses que volví a París. La enseñanza allá se me ha hecho tan insoportable y los ambientes intelectuales estaban tan por debajo de mis expectativas que me decidí a regresar a los desarraigos ociosos del Barrio Latino y a todas las amarguras que conllevan.

Su carta, que he recibido en medio de esta pesadilla por la que estamos pasando aquí, respira tanto el aliento del Espíritu que, por un momento, he podido evadirme de la penosa actualidad. Usted vive históricamente en la eternidad. Demasiado cerca de la gran refriega, yo no puedo beneficiarme de esa paradoja, sin la cual el espíritu no tiene realidad. Permítame que lo envidie con mi mayor simpatía. Estoy sumido en los Instantes, así que solo me queda arrepentirme de mí mismo.

Dada la situación y, sobre todo, la movilización en Rumanía, es muy posible que me llamen dentro de poco. Entonces trataré de hacerle llegar los números de la revista *Logos* y el libro sobre Grégoire Palamas del profesor Stăniloae,[63] el más grande conocedor de la ortodoxia que tenemos. La revista *Gândirea*, donde hace mucho publiqué algunos artículos, sigue saliendo, pero al haber abandonado casi por completo su orientación religiosa se ha convertido en el órgano del extrarradio literario. El director[64] es un escritor de talento, por desgracia marcado por todas las taras balcánicas. A la orilla del Danubio, el Espíritu está demasiado cerca de la tierra y el cielo solo se ve por las rendijas de unos instintos demasiado fuertes. La salud de mis compatriotas siempre me ha exasperado. Solo enferman de enfermedades.

---

[62] Orientalista francés nacido en 1903 y muerto en 1978.

[63] *Vida y enseñanza de san Gregorio Palamas* (1936), obra del sacerdote ortodoxo y teólogo rumano Dumitru Stăniloae (1903-1993).

[64] Nichifor Crainic.

Si me libro de esta catástrofe me encantaría visitar Turquía. No descarto que volvamos a vernos en Oriente y no en París. Con todo, me abstengo de hacer planes. Sería una indecencia cuando muere tanta gente.

Por favor, no olvide transmitirle mis saludos a la señora Corbin.

Querido amigo, reciba la expresión de mi amistad y mi admiración más sincera,

E. CIORAN

50 — A PETRU COMARNESCU

Vichy,
1 de marzo de 1941

Queridísimo Titel:

Ahora que he vuelto a descubrirte, aquí, me doy cuenta de lo injustas que eran las circunstancias que han intercalado una pausa de varios años en nuestra amistad. Creo que hoy, con mi afecto, estoy expiando un vacío del que, en parte, soy el único responsable. Desde lejos juzgaba la situación de mi país con una intransigencia enfermiza y no admitía ninguna actitud que no fueran el asco y la desesperación.

Sin embargo, en los tres últimos meses he comprendido la proximidad trágica que padecen nuestros destinos y me ha asaltado la duda.

Me gustaría escribir una *Filosofía del incumplimiento* cuyo subtítulo sería: «Para uso del pueblo rumano», pero no me creo capaz. Mi destino es el de un convaleciente. No puedo ir más allá de lo virtual, mientras que tú eres la Vida como tal. Ya te dije un día, hace mucho, que eres un argumento a favor del sentido de la vida, sentido que yo, por mi parte, solo he encontrado en los lamentos de la inteligencia, en el desastre lloroso de la mente.

Un abrazo.

Tuyo,

E. CIORAN

51 — A Petre Țuțea

Vichy,
24 de marzo de 1941

Querido Petrică:

Me habría gustado escribirte en ruso, pero ni siquiera conozco los calificativos «divino» y «genial» con los que suelo abrir las notas que te envío. Te he envidiado y te he injuriado por haber prolongado más allá de lo razonable tu concubinato con Stalin y por haberme dejado solo en tierra valaca. Eres el más afortunado de nosotros: rehaces geográficamente tus etapas espirituales. Cuando te conocí, Moscú era una fuente de lirismo para tu temperamento. ¡Solo Napoleón y Rilke lo habían amado tanto!

Por tu ausencia, te perdiste mi paso por Rumanía. Allá han sucedido cosas que solo nosotros habríamos podido comentar, mediante contradicciones absurdas y soberbias, con inspiración y amargura, ya que somos los estetas de las desdichas autóctonas, los parásitos shakespearianos de lo esencial inacabado. Una vez más he podido comprobar que allá solo la vida privada significa algo, y que salvo el *spritz* y las mujeres, todo falla, incluso... lo ideal. En cuanto a nosotros, lo único que tenemos que hacer es confiar en nuestros sentidos, estimular nuestras glándulas de bromistas apasionados y ahogarnos en una enorme sopa de callos[65] como protesta contra el «mundo de los valores».

Yo estoy aquí, donde todo *ha sido*. Eso me consuela. Como no pasa nada, me dedico a mis asuntos. ¿Recuerdas la pregunta que me hiciste en 1938, al final de una carta: «¿Allí los franceses siguen en el poder?». Puedes estar tranquilo, se ha confirmado. El *Lebensdrang*[66] continúa siendo la realidad fundamental. En eso creo que ya no eres racionalista. Puñetera biología.

---

[65] *Ciorba de burtă*, plato tradicional rumano.
[66] En alemán, «impulso vital», «sed de vida», término comentado sobre todo por Schopenhauer.

He tenido el placer de conocer a una de tus admiradoras, la vigorosa y sutil Marinchen. Es una excepción a la terrible definición de las rumanas. Huelga decir que solo hemos hablado de ti, dado que somos contemporáneos.

En Berlín he visto a Sorin [Pavel]. Ha alcanzado los límites de la lucidez. Dudo que exista un solo hombre que se *equivoque* menos que él. Es una nulidad que por su vitalidad se aleja tanto de lo absoluto como del suicidio. Ha llegado demasiado lejos para ser un fracasado. Es el único de nosotros que vive en las *Grenzsituationen*.[67] En ese sentido, nosotros somos reclutas.

Un abrazo,

CIORAN

Transmite mis saludos a Marietta[68] y tenme al corriente de las andanzas de Haig [Acterian]. Todo mi afecto a Georgel[69] y a nuestros amigos.

52 — A ALPHONSE DUPRONT[70]

Vichy,
19 de abril de 1941

Querido señor Dupront:

Gracias por su amable carta. Trataré de merecer la amistad que con tanta generosidad me brinda, tanto más cuanto que sin su indulgencia con mis vacilaciones intelectuales, mi vida, en los primeros años, habría tomado un cariz muy distinto, inevitablemente defectuoso. Es verdad, tendría que haberme quedado allá, mezclarme en los acontecimientos, sufrir de cerca muchos reveses, pero la suerte, tanto material como espiritual, de haberlo

---

67   En alemán, «situaciones límites», concepto acuñado por Karl Jaspers.
68   Marietta Sadova (1897-1981), actriz rumana.
69   Georgel Demetrescu (fallecido en 1985), hombre de negocios.
70   Alphonse Dupront (1905-1990), historiador, director del Institut français des hautes études de Bucarest.

conocido me ha permitido vivir a mi aire inmerso en significados por lo demás importantes. Ahora que estoy haciendo un repaso de mis errores y convicciones del pasado creo que mi estancia en París ha sido el momento más decisivo, el más cargado de futuro de todas mis experiencias. Y demasiado sé a quién debo este buen resultado que me aleja —espero que para siempre— del fantasma que acosa al intelectual rumano: el miedo al fracaso.

Por ahora no me ha llegado ninguna noticia de Bucarest sobre mi «misión». Se hablaba seriamente de que terminaría el 1 de abril, pero parece que se va a alargar y me gustaría que continuara el mayor tiempo posible.

Todos los días espero un salvoconducto para ir a París. Estoy muy pendiente de ello. No obstante, si mi espera resultara infructuosa, como no me queda paciencia para seguir albergando esta ilusión tan ardiente, me dirigiré al Mediodía. Entonces tendría noticias mías. Y yo el gran placer de volver a verle.

Reciba, querido señor Dupront, el testimonio de mis sentimientos más cordiales.

EMIL CIORAN

53 — A CONSTANTIN NOICA

París,
23 de noviembre de 1941

Querido Dinu:

Desde hace días se ha restablecido la correspondencia entre la Francia que ya no existe y la dulce Rumanía. Me alegro de poder comunicarme directamente contigo, después de que las noticias sobre tu labor de «culturización» del país solome llegaran a través de Lisboa.[71] De momento me han informado de una buena cosa: la Asociación Nae Ionescu. No obstante, ¿cómo podríamos *expresar* a ese hombre? No se distingue ni de nuestra inteligencia ni de nuestros vicios, es como una fórmula individual

---

[71] Vía Mircea Eliade, consejero cultural en Lisboa desde febrero de 1941.

de nuestro quiero y no puedo. Cada vez que me estremezco al percibir mi ineficacia pienso en él, ese símbolo de nuestros fracasos visibles y nuestras transfiguraciones ocultas, ese prototipo que se desdobla en nuestra impotencia activa. De Nae, tu adoración, la mía y la de los demás presentarán la figura más elevada de nuestras imposibilidades y el fracaso más fortificante con que virilizar nuestras vacilaciones.

Dicho esto, a la «asociación» solo le faltan los... estatutos.

Me ha llegado la noticia, querido Dinu, de que pronto serás padre. También tú quieres contribuir a la experiencia humana. Eso es lo que más he temido en la vida, cobardía que a veces me degrada ante mí mismo. ¿Qué buscaré *a través de otros* en el futuro?

Creo que tener hijos es la única respuesta con la que un escéptico rechaza su escepticismo. Además, cualquier acto desmiente el pensamiento. Lo que demuestra que la vida, pese a todo, es una solución.

Luego está la vejez. Cuando yo era más joven me seducía la vida solitaria, es decir, la compañía de las mujeres... vulgares (¡!). Con la edad descubro qué difícil es dormir solo, no tener una amante oficial ni amores obligatorios. Así empieza la *ruina* del orgullo. El rechazo a la holgazanería y a la exaltación de un destino indolente delatan una fatiga que soporto con pesar.

Mi modo de vida no ha cambiado mucho. Soy un hombre que se queda en casa, que aprende con aplicación la lengua de... Locke y se ha olvidado de los cafés, que solo piensa en el momento en que «ella» volverá, que es feliz con ella y no se acuerda de sí mismo, sin que nada de esto lo agobie. Creo que a lo largo de toda mi inútil existencia nunca he sido tan inútil. Vivo completamente fuera del mundo, en la ciudad más extraterrestre. Del sentido de esta ciudad y este país ya solo se puede hablar en... pluscuamperfecto. Mi ideal de inactualidad suprema ha encontrado, por fin, el marco adecuado.

Sigo siendo un hombre pobre, que mendiga becas. Me destituyeron en mayo y, no te lo pierdas, me pidieron que devolviera el sueldo. Trataré de quedarme un año aquí; después volveré allá o solicitaré a algún otro Estado sublunar el paraíso seguro de un *stipendium*.

Si has encontrado una plaza en alguna universidad, recomiéndame para la beca que sea. La recibiré donde sea. Me gusta mendigar, pero de forma honorable. La propia muerte me parece una beca suprema.

Escríbeme, querido Dinu, porque tú formas parte de esos pocos en los que no pienso sin purificarme el alma. ¿No es la amistad una *agradable sorpresa* para un desencantado?

Un abrazo para ti y para todos los que lo deseen,

E. Cioran

54 — A Constantin Noica

París,
24 de febrero de 1943

Querido Dinu:

Te escribí hace unos meses a Sinaia, pero no he tenido respuesta. Empiezo a preocuparme por la suerte que puedas correr allá y a menudo lamento que rechazaras la beca de este Estado donde el devaneo aún tiene sentido para retirarte al delta del Danubio, donde todo terminará irremediablemente con una *doina* y donde Miorița acabará puta.[72] Yo, por mi parte, me he retirado de la historia de la cultura, aunque leo a Valéry en inglés y puedo sonreír a tus ídolos. ¿Te imaginas lo que pueden significar cinco años en el Barrio Latino para un holgazán?

Si algún día vuelvo, habrá que reeducarme, recordarme mis deberes de escriba valaco y mi «sitio» en la nueva generación (la

---

[72] Alusión a dos elementos fundamentales del folclore rumano: la *doina*, forma musical y poética, y Miorița, la cordera epónima más famosa de las baladas populares.

controversia entre los nominalistas y los realistas me parece más reciente que ese alboroto). Aquí he cambiado mucho mi «estilo» de vida: ya no voy a los cafés; ya no hay emigrados; ya no voy a la Costa Azul... No voy a ninguna parte. Más tarde sabrás lo que hago.

He hablado mucho de ti con Picky.[73] No hace falta decir que más bien te he insultado, porque me cuesta entender tu «arraigo», incompatible con tu escepticismo natal, mucho más inteligente. Creo que serías un hombre como a mí me gustan si amaras las delicias del destierro. ¿Qué buscas entre los demás, tú, que no tienes nada que compartir con ellos? De la mañana a la noche, lo único que hago es odiar. Yo también, en cierto modo, debo halagarme, cuidar mi frágil individualidad.

Escríbeme, querido Dinu, dónde están nuestros conocidos y cómo te ves *concretamente* en la coyuntura que se prepara. Yo me siento desarmado por completo. He llegado a hacer cosas que antes ni se me pasaban por la cabeza: me he comido el dinero que Mircea [Eliade] me mandó para que le comprara libros. Esta acción contó —para mi consuelo— con el apoyo moral y material de Picky. Procura no sufrir contratiempos: por una postal de contenido comprometido te podrían encontrar en cualquier rincón del planeta.

¿Cómo está Wendy?[74] Un abrazo a los *tres*.

E. C.

55 — A Mircea Vulcănescu

París,
3 de mayo de 1944

Querido Mircea Vulcănescu:

Si los acontecimientos no fueran los que son y no me tuvieran aturdido, me pondría a escribir el complemento *negativo* de

---

[73]   Victor Rădulescu-Pogoneanu (1910-1953), político rumano.
[74]   Wendy Noica (de soltera Muston), esposa del filósofo.

esta espléndida *Dimensión*[75]... a cuya sombra mi pequeñez se da un festín, incapaz de resistir sus halagos. ¿Cómo podría asistir pasivamente a una dedicatoria escrita bajo la mejor traducción de la aventura valaca? Si en mí el mal llegara a ser tan lúcido como en ti el bien, trataría de ensombrecer un poco el icono de la *Miorița*,[76] de hablar también de su gran duela. Después de leer tu estudio en este Barrio Latino donde me enmohezco gloriosamente desde hace siete años, me decía que a fin de cuentas no habría tenido nada que añadir si hubiera terminado con un análisis del adagio fatal: *n-a fost să fie*,[77] que me parece la clave de todos nuestros fracasos y en sí mismo la fórmula de cualquier destino.

Muchas veces, durante los ataques de aburrimiento de mi inutilidad parisina, he pensado en ti diciéndome: Mircea Vulcănescu lo sabe todo y aun así es un hombre sosegado. En cada ocasión te envidiaba, tratando de descubrir en ti el secreto de ese sosiego, tu resistencia a la maldición. Será que ha tenido una experiencia positiva de Dios (mientras que yo, cada vez que me he acercado a Él, me he revolcado en la desgracia, y en la biografía de su Hijo me he detenido en el momento del reposo).

¡Cómo lamento que la historia contemporánea se haya interpuesto sin piedad entre nosotros y no haber tenido más oportunidades de curar mis heridas con el bálsamo de tu ingenio!

Un abrazo, con un afecto antiguo y nuevo,

E. CIORAN

---

[75] *La dimensión rumana de la existencia*, ensayo publicado por Mircea Vulcănescu en 1943.

[76] *Miorița*: véase más arriba, p. 109, n 72.

[77] «Eso no debía ser», «eso no debía suceder», literalmente «eso no ha sido de modo que sea».

56 — A Geneviève Fondane[78]

[París],
martes 9 de mayo [de 1946]

Querida señora Fondane:

Le pido disculpas por contestar tan tarde, pero ante todo quería leer el manuscrito.[79] Lo he leído y anoche se lo llevé al señor Jaïs.

Puedo decir que nunca se ha escrito nada tan hondo sobre Baudelaire. Más si cabe teniendo en cuenta que Fondane ha tomado a Baudelaire como un punto de partida, como un pretexto para desarrollar su propia filosofía. Esto no podía dejar de acarrear algunos inconvenientes; el único grave es la impresión de discontinuidad entre varios capítulos, que se podría haber evitado si Fondane les hubiera puesto títulos. Pero nosotros no tenemos derecho a hacerlo.

El problema de lo que hay que suprimir o no me parece muy difícil. Al principio pensé que había que conservar el XIX. Ahora creo que se puede retirar entero.

Si al editor le parece que el libro es demasiado largo, mi opinión es que los capítulos XX, XXVIII (sobre Kafka) y los dos últimos (XXXIII y XXXIV) podrían reunirse en otro libro con otros ensayos. De hecho, todos estos capítulos, a mi juicio, se han concebido completamente al margen, cuando no fuera, del asunto general. No obstante, como son muy densos y de los más profundos del libro (en especial el XX), no hay que separarlos sin una razón de peso.

En la copia que le he dejado al editor creo que aún quedan algunos errores mecanográficos. Aquellos de los que estaba absolutamente seguro los he corregido, pero el resto... La corrección de pruebas deben hacerla al menos dos personas que estén

---

[78] Geneviève Fondane (1904-1954), esposa del poeta francés de origen rumano Benjamin Fondane (1898-1944).

[79] *Baudelaire et l'expérience du gouffre* se publicará en Seghers en 1947.

cualificadas para esta clase de trabajo meticuloso y acostumbradas a él. Yo lo haría de buena gana si mi francés no fuera tan insuficiente.

He leído el artículo de *Les Lettres françaises*.[80] Es un relato tan trágico y desolador para todos los que conocieron y quisieron a Fondane que no le perdono a su autor que lo haya publicado. Después se siente como una indignidad el «estar vivo».

Le ruego que reciba, querida señora Fondane, con mis cordiales saludos, la expresión de mi respeto,

EMIL CIORAN

P. D. Hoy mismo llevaré a la rue Rollin[81] la copia sin corregir. En la hoja adjunta hay algunas breves notas sobre el manuscrito. No me he atrevido a hacer modificaciones por mi cuenta. El señor Jaïs va a escribirle. Según me ha dicho su mujer, pronto se pondrán con el libro. E. C.

57 — A JENI ACTERIAN

París,
2 de diciembre de 1946

Querida Jenny:

Contesto un poco tarde a tu carta, aunque el día que la recibí quise enviarte un telegrama para darte las gracias.

En efecto, ya no me escribe nadie de *allá*. Entiendo perfectamente los motivos de este silencio general y no me quejo. Además, me he desarraigado tanto yo solo que en mi fuero interno siento que no tengo derecho a ser recordado por nadie. Pronto hará diez años que estoy en París, es decir, en el único lugar del mundo donde puedo vivir. Este intervalo de tiempo acarrea consecuencias graves, y algunas muy agradables. Me

---

[80] «Les derniers jours de Benjamin Fondane», testimonio de André Montagne publicado el 26 de abril.
[81] Última dirección de Benjamin Fondane, donde lo detuvieron en marzo de 1944.

refiero a que me gusta vivir aquí, pero me disgusta no poder imaginarme en ninguna otra parte. En cuanto a lo que *hago*, no tengo la menor idea. Creo que no hago nada. Vivo en una buhardilla, como en un comedor estudiantil, no tengo oficio (y como es natural no gano nada). No puedo considerar hostil esta suerte que me ha permitido vivir hasta los treinta y cinco años libremente y al margen de la sociedad.

Mi razonamiento siempre ha sido sencillo: cuando esto ya *no funcione* me pegaré un tiro. No ha sido un mal cálculo, porque —contrariamente al rebaño que me rodea—, me ha permitido perseverar... en el ser, sin el terror al futuro.

Tu destino de chica inteligente en los Balcanes me parece mucho más cruel. Aparte del amor y la borrachera, ¿qué se puede hacer en ese vergonzoso Sureste? No quiero decir con esto que aquí haya resuelto algo, pero el escepticismo reclama un marco perfumado y frívolo, mientras que estar corroído por las dudas en el espacio valaco es de una tristeza irremediable.

No sé en qué crees todavía; en lo que me concierne, lo he liquidado todo, todas mis creencias, si es que alguna vez creí en algo. Con el fin de darme un pretexto para la actividad, en los últimos tiempos he escrito un «libro» en francés, *Exercices négatifs*.[82] No sé si se llegará a publicar. Es una suerte de *adiós* a todas las ilusiones heredadas o alimentadas inconscientemente, una suerte de teoría del exilio metafísico sin pretensión de filosofía, que me parece, más que nunca, ridícula.

No imaginas lo que me alegra saber que hayas tenido noticias de Haig,[83] el *mejor* hombre que he conocido. ¿Cómo está Marietta [Sadova]? ¿Y Sorana [Ţopa]?

He oído que Arşavir [Acterian] es un modesto funcionario no sé dónde. También me gustaría saber si Ţuţea sigue siendo genial.

---

[82] El futuro *Précis de décomposition* [*Breviario de podredumbre*].
[83] Haig Acterian, hermano mayor de Jeni y marido de Marietta Sadova, murió en el frente ruso en el verano de 1943, aunque después circuló durante mucho tiempo el rumor de que estaba vivo.

Mircea [Eliade] y yo hablamos a menudo de vosotros. Pero la posibilidad de regresar, desgraciadamente, me parece que está en la esfera de la utopía. (Como diría «el otro»: *N-a fost să fie*).[84]

Un cariñoso abrazo,

EMIL

58 — A PETRU COMARNESCU

París,
11 de enero de 1947

Mi querido Titel:

He tenido noticias tuyas a través de Anton [Golopenția] e, indirectamente, de tu carta a Mircea [Eliade]. De ellas deduzco que sigues siendo el mismo ser febril, inquieto y sensible a... la historia. Tu destino es no envejecer, mientras que yo —lo cuento sin asomo de vanidad, presunción ni tristeza— tengo la sensación de haber cruzado varios siglos y estar sufriendo su duración abrumadora. Mis cuasifervores «políticos» de antaño me parecen cosa de la prehistoria. No sabría decir si fueron aberraciones, verdades o quimeras. Corresponden a una época desvanecida, que no puedo ni desdeñar ni añorar. Por todas partes me reprochan —y hasta la saciedad— el entusiasmo que sentí por cierto delirio colectivo de allá; hasta me responsabilizan de ello, atribuyéndome una eficacia que nunca pretendí. Después de la liberación, mis queridos compatriotas de aquí hicieron todo lo posible por crearme enemigos. Y gracias a los franceses, las cosas no cobraron un cariz más grave. De modo que tomé la decisión de no volver a mezclarme en los asuntos de nuestro país. Por otro lado, estoy más distanciado que nunca de él. Aunque el francés es difícil, lo he adoptado, aunque solo sea por las dificultades que encuentro en él: no volveré a escribir en

---

[84] Véanse más arriba, la carta a Mircea Vulcănescu del 3 de mayo de 1944 y la nota 77 p. 111.

rumano. Puede que esta determinación te parezca extravagante, pero las razones que me impulsaron a tomarla son muy serias. Estando en Francia, durante diez años solo escribí en nuestro idioma; se puede decir que lo aprendí de nuevo, estudiaba sus sutilezas y su poesía, sus encantos y su vulgaridad. El año pasado, cuando estaba en la costa, me entretenía traduciendo al rumano. Este ejercicio acabó exasperándome, lo encontré demasiado absurdo. De vuelta a París tiré a la basura una parte de mis manuscritos. Todo un pasado se fue con los desechos de la ciudad... Lo que fui ya no me interesa. ¿Cómo pude escribir *Schimbarea la față [a României]*,[85] cómo pude acumular tanto ímpetu, tanta insolencia, tanta pretensión? He desaprendido la megalomanía y el ardor. No serviré a ninguna causa, ni siquiera a la Desesperación. Todavía leo mucho, no tanto por la pasión del saber, sino para olvidarme. Me gustan los poetas ingleses por encima de todo. La filosofía me aburre. Y tengo una sola realidad: mi terrible pobreza, mi horror al futuro.

Creo haber entendido que te mantienes al margen. Pero tú eres cualquier cosa menos un vago. Mircea me ha prometido pasarme tu tesis. Me interesa, como todo lo que procede de ti. No sé si has renunciado voluntariamente a tus planes de ir a América. En tal caso has cometido una gran equivocación. No se renuncia impunemente a un continente.

Te estaría muy agradecido si me dieras noticias de Aichelburg.[86] Es un muchacho de gran mérito y me temo que ha tenido un destino terrible. Sobre mis otros amigos estoy más o menos al corriente.

Acabo de terminar un «libro» que se llama *Exercices négatifs*. El primer editor al que se lo presenté lo rechazó por encontrarlo demasiado «pesimista». Aun así espero publicarlo. Pesimista es, en efecto; pero habría podido serlo más. Lo concebí dentro

---

[85] *Transfiguración* [*de Rumanía*].
[86] Wolf von Aichelburg (1912-1994), poeta y compositor rumano.

de los límites de la decencia; evité todas las efusiones y todo el lirismo bárbaro que habría podido usar con un lenguaje menos educado. Me habría gustado escribir un libro frío y desagradable; pero aún llevo en mí la herencia de una tribu que toca la flauta y, durante siglos, no ha hecho más que gemir y lamentarse. Aunque el estilo de salón, que un francés lleva en la sangre, es para mí un sueño irrealizable, una aspiración contrariada a cada paso. Tengo la impresión de que todo lo que publiqué en rumano está desastrosamente mal escrito, salvo quizá *Amurgul gândurilor* [*El ocaso del pensamiento*]. Eché a perder mi carrera literaria en Rumanía; sin duda la echaré a perder en Francia. No seré escritor en ninguna lengua. Mi desgracia es haber creído que el alma lo es todo, cuando las palabras son verdaderos dioses. Este descubrimiento tardío me desespera. Ahora estoy pagando caro el haber puesto los arrebatos del corazón por encima de la concepción de una obra.

Afectuosamente tuyo,

EMIL CIORAN

59 — A AUREL CIORAN

[París,
¿1947?]

Querido Relu:

Me alegró saber de ti, y me alegra aún más saber que estás bien, en casa y además con un «oficio», lo que no es mi caso, aunque no me quejo de esta vacancia fructífera en la que puedo consagrarme a todos los ejercicios de la mente.

En muchos aspectos ya no soy el mismo. He llegado a cambiar de punto de vista sobre todo lo que concierne a las realidades «históricas». A veces me parece verdaderamente ridículo haber podido escribir la *Transfiguración [de Rumanía]*...; eso ya no me interesa. Aparte de la poesía, la metafísica y la mística, nada tiene valor. Toda participación en el ajetreo contemporáneo es tiempo perdido y derroche inútil. Lo he comprendido demasiado tarde, por desgracia, pero me consuelo pensando que por lo menos lo he comprendido hoy.

Un hombre que quiera conservar alguna dignidad espiritual debe olvidar su calidad de contemporáneo. Qué lejos habría llegado hoy si lo hubiera sabido a los veinte años. Cada individuo es víctima de su propio temperamento. Creo que he acabado con muchos errores y esperanzas engañosas.

Trata por todos los medios de mantenerte al margen de las pasiones actuales y las supersticiones que envenenan el alma y los arrebatos de la mente en vano. Es la única vía posible para acabar con las lamentaciones inútiles y las esperanzas ineficaces. El universo no es más que cenizas en movimiento, y nadie entiende su sentido.

Un fuerte abrazo,

MILUȚ

60 — A SUS PADRES

París,
19 de febrero de 1948

Queridos padres:

Hacía mucho que quería escribiros pero ya sabéis cómo es esto, cuando siempre se dejan las cosas para el día siguiente. Además, he sufrido una decepción de la que, pese a todo, he logrado consolarme: me habían propuesto para una beca del Estado francés; no sé cómo, unos compatriotas malintencionados se enteraron, el caso es que hubo intrigas —os podéis imaginar de qué tipo— y me rechazaron. No se lo había dicho a nadie, por lo que la sorpresa fue muy desagradable. Pero no me desespero, porque por otro lado me han hecho propuestas serias. En conjunto me va bastante bien; solo salgo cuando me invitan, y lo hacen a menudo; las dos habitaciones donde vivo, soleadas, me gustan muchísimo; no las cambiaría por el más lujoso de los pisos. Creo haberos escrito ya que como bien y barato en el comedor universitario; se acabó el cocinar... Mi libro saldrá mucho más tarde de lo que creía a causa de la crisis terrible que ha golpeado a todas las editoriales; muchas han quebrado. Pronto terminaré otro libro. Si me hubiera puesto a escribir en francés desde que llegué aquí, hoy tendría un nombre y otras posibilidades; en cualquier caso he logrado aprender a escribir con facilidad; a veces incluso me parece más difícil escribir en rumano. París se ha convertido en un centro de rumanos; no los busco, hago todo lo posible por evitarlos; ir con ellos solo me daría disgustos; se pasan los días visitándose unos a otros para contarse historias y hacerse ilusiones. El espectáculo de una colonia en el extranjero siempre es deprimente.

¿Cómo estáis? ¿Es verdad que la situación económica ha mejorado un poco? Al parecer, se come mejor. ¡Cómo me gustaría que fuera cierto! De todos modos imagino que vuestro barco no será fácil de gobernar. ¿Y Relu, cómo van sus asuntos de abogado? ¿Sigue ejerciendo? Contadme cómo va vuestra salud. Yo he tenido gripe y me he librado por poco de complicaciones en los oídos. La traté a tiempo y me he curado rápidamente. Hace tanto que no os veo que os imagino a todos cambiados. Los amigos que llevaban mucho tiempo sin verme me dicen que sigo siendo el mismo; pero por fuerza yo también habré tenido que envejecer, de un modo u otro, como todo el mundo. Estoy seguro de que si me cruzara con Țucu[87] por la calle no lo reconocería; la última vez que lo vi era un niño.

Aún no he contestado a Gica y a Nuțu;[88] un día de estos les escribiré.

Escribidme a menudo.

Un fuerte abrazo,

MILUȚ

---

[87] Bujor Georgia (1930-1971), hijo de Virginia, la hermana del escritor.
[88] Virginia y su esposo, Sabin Georgia.

61 — A Maxime Nemo e Yvonne Bretonnière[89]

París,
4 de septiembre de 1948

Queridos amigos:

¡Creía que estabais en alguna parte de Provenza! Por eso no os escribí para comunicaros nuestras impresiones en esta aburrida Inglaterra. Siendo justos, hay que reconocer, sin embargo, que Escocia es otra cosa. Edimburgo no carece de carácter y prestancia... Una ciudad construida con piedra negra donde se puede ser feliz toda una tarde. Hemos ido muy lejos, hasta el mismo norte de Escocia. Del paisaje, nada que decir. Por todas partes, lagos y montañas peladas, niebla y lluvia, y a veces una luz extraña que nos daba la impresión de que podía ser Noruega o Finlandia. Nunca he usado tanto el adjetivo *siniestro*. Para qué daros detalles. Os haréis una idea del éxito de nuestro viaje si os digo que a la vuelta, cuando nos detuvimos un día en Cambridge, Simone me acusó de haberla llevado a Inglaterra. Y eso que Cambridge es una ciudad preciosa. No hay nada que hacer, cuando vives en Francia y conoces un poco Italia y España, el norte, aunque sea extraordinario, solo brinda las sorpresas de la decepción. El único recuerdo que podría llamarse emocionante de nuestro viaje se lo debemos a los parajes de las hermanas Brontë, en Yorkshire. Allí se respira la atmósfera de *Cumbres borrascosas*. Esos páramos silvestres... no puedo pensar en ellos sin un estremecimiento lírico. Fue así como el desatino de nuestro viaje acabó redimido.

Volvimos el 20 de agosto. Simone se fue a su casa pronto hará una semana. No hemos citado el 10 de septiembre en Tarascón, desde donde emprenderemos la exploración de Provenza en bicicleta. Salgo de París la tarde del 9. Si volvéis antes, decidme algo. ¡Cómo comprendo vuestra fidelidad a la Cré![90]

---

[89]   Yvonne Bretonnière (1907-1990), compañera de Maxime Nemo (1888-1975), escritor y especialista en Jean-Jacques Rousseau.

[90]   La finca de la Crétinière en Saint-Julien-de-Concelles, a varios kilómetros de Nantes, donde el escritor y su compañera recibirán muchas veces a Cioran y Simone Boué.

¡Y qué rabia me da no poder quedarme en ningún sitio más de un día!

Un abrazo.

Vuestro,

EMIL CIORAN

62 — A SUS PADRES

*París,
28 de febrero de 1949*

Queridísimos padres:

He recibido hoy vuestra carta del 21 de febrero. Mis presentimientos más tristes se han cumplido. Este golpe[91] no afecta solo a Relu [Aurel Cioran], sino a todos nosotros. ¡Cuántas adversidades le esperan aún! Es lamentable que no haya comprendido la necesidad de apartarse de un movimiento que solo ha creado desdichados. ¡Cuántas veces se lo habré advertido! A eso es a lo que conduce una lealtad absurda. Sé muy bien que no tengo derecho a acusarlo, pero nunca me consolaré de ese pecado. También puedo imaginar en qué terrible estado nervioso debéis encontraros. Si hay alguien que merecía otra cosa, era Relu. La vida es una comedia siniestra inventada por el Demonio.

En vista de lo que estáis pasando, sería fútil daros noticias mías. Me va bien, pero ¿qué importa eso? De todos modos os lo cuento; quizá pueda, en cierta medida, serviros de consuelo. Mi libro está en la imprenta. Se publicará más adelante, dentro de dos meses. No os había dicho que aquí se ha creado un premio de cincuenta mil francos para el mejor manuscrito francés escrito por un extranjero. Yo también me presenté, a probar suerte. El jurado está formado por grandes escritores franceses.[92]

---

[91] Aurel Cioran, detenido en junio de 1948 junto con veintisiete antiguos simpatizantes de la Guardia de Hierro, fue condenado a siete años de cárcel el 14 de febrero de 1949.

[92] Se trata del Premio Rivarol, cuyo jurado estaba formado por André Gide, Gabriel Marcel, Jean Paulhan, Daniel-Rops, Jean Schlumberger, Jules Supervielle, Henri Troyat y los académicos Émile Henriot y Jules Romains.

Mi manuscrito ha causado una fuerte impresión, lo han considerado el más interesante del centenar que se han presentado. La decisión no se tomará hasta finales de marzo. Un miembro de la Academia Francesa que forma parte del jurado me invitó a su casa y me dijo que iba a votar por mí. En realidad, no creo que me den el premio, pues algunos miembros del jurado consideran que mi noción de la vida es demasiado pesimista y, por lo tanto, sería arriesgado otorgarme una recompensa oficial. Pase lo que pase, he logrado mi objetivo: cuando el editor se enteró del revuelo causado por el manuscrito se apresuró a poner en marcha su publicación. Era lo único que yo pretendía. La editorial que va a sacarlo es la más importante de Francia. Ya os tendré al corriente de los avatares. En cierto modo ha sido una suerte que no me lo publicaran hace dos años, porque mientras tanto he podido mejorar mucho la calidad del texto.

¡Qué lástima que todos estos «logros» se produzcan en un momento así!

Solo nos queda soportar con resignación el sufrimiento y esperar, pese a todo.

Escribidme.

Un fuerte abrazo,

MILUȚ

63 — A ANDRÉ MAUROIS[93]

París, 23 de nov[iembre] *de 1949*

Querido Maestro:

Le estoy muy agradecido por la indulgencia que ha mostrado con mis páginas. Conociendo su aprecio por el pensamiento organizado, temía que el desorden de mis improvisaciones pudiera despertarle cierta severidad para conmigo. Mis temores se

---

[93]   Escritor francés nacido en 1885 y muerto en 1967. Fue uno de los primeros en comentar la publicación del *Breviario de podredumbre*, primero por radio y luego en la prensa («Pavane pour une civilisation défunte», *Opéra*, 14 de diciembre de 1949).

disiparon enseguida, y las ondas me trajeron un mensaje de aliento.

Aprovecho esta ocasión para darle las gracias por sus libros, por su claridad y su serenidad, esos dos méritos de los que tan lamentablemente carezco; también por haberme revelado, hace ya bastante tiempo, a madame du Deffand y a Shelley, a quienes debo lo mejor de mis pobres herejías.

Reciba, Maestro, el testimonio de mi profunda admiración.

E. CIORAN

64 — A CARL SCHMITT[94]

París, 16 de octubre de 1950

Querido señor:

Acabo de volver de un viaje por España. Antes de partir había leído *Ex Captivitate Salus*; al llegar a París, encuentro su *Donoso Cortés*, que he terminado de leer hoy mismo. ¿Hace falta que le diga una vez más que estoy impresionado por la similitud de nuestros gustos? Conozco la importancia de su carrera, la seriedad de su obra, y sé demasiado bien que solo soy un aficionado, un entrometido; lo que no obsta para que al leer sus páginas sobre Kleist —cuyo suicidio fue una de mis grandes obsesiones— me sintiera fuertemente unido a usted. Trato de imaginar su paseo fúnebre por Wannsee en ese otoño de 1944, y todos los pensamientos que debieron atravesar la angustia de entonces. Me resulta fácil percibir en usted un fondo lírico que el jurista rechaza; pero ese mismo rechazo le da fuerzas para superar sus peligros e intelectualizar sus emociones. (Como yo no tengo ese control sobre mí mismo, he tenido que lanzarme a la histeria...).

No sé si podré conseguir la obra de Donoso Cortés. Mientras tanto, al que sin duda leeré es a Tocqueville. Todo lo que dice usted de él me atrae y me intriga. Añadiré que Joseph de Mais-

---

[94] Jurista y filósofo alemán, nacido en 1888 y muerto en 1985.

tre es uno de los autores que más he frecuentado. Cuando aún era muy joven, *Du Pape* me apasionaba, y más tarde leí y releí las *Soirées de Saint-Pétersbourg*, así como sus *Considérations sur la Révolution*.

Les pasaré sus libros a varios amigos competentes. Sería no solo deseable sino *necesario* que se publicaran en francés. Lamentablemente, Francia es el país de la novela. ¿Sabía usted que un ensayo que se vende un poco rara vez supera los dos mil ejemplares?

Agradeciéndole sus magníficos libros, le ruego que acepte la expresión de mi más sincera admiración.

E. Cioran

P. D.: Había olvidado decirle en mi carta anterior que soy rumano (nacido en Hermannstadt [Sibiu]), y que hablo a menudo de usted con mi amigo Eliade (a quien usted conoció en Lisboa durante la guerra).

65 — A Henri Miller[95]

París, 7 de marzo de 1951

Querido señor Miller:

Puede que no conozca, en su país, la profunda impresión que han causado sus libros en algunos de nosotros. Utilizo el plural, ese plural *existe*. Usted solo tiene admiradores o detractores, su obra no suscita indiferencia.

¿Y si le digo que *su* París es el mío, que me he encontrado en muchas de sus páginas? He conocido como usted la poesía de los burdeles, las epilepsias interiores, el acoso de la miseria. Nada mejor que un extranjero (dicho sea de paso, soy rumano, hijo de un sacerdote ortodoxo) para entender cabalmente la calidad de sus delirios. Por eso a menudo hablo de usted como de un hermano genial al que se está demasiado apegado para envidiarlo o juzgarlo.

---

[95] Escritor estadounidense nacido en 1891, muerto en 1980.

¿Recuerda, en *Trópico de Cáncer*, la escena de la rue Lhomond donde, en compañía de su amiga estadounidense, se agacha para atarle los cordones?[96] El sitio donde ella puso los pies, dice usted, sobrevivirá a la desaparición de las catedrales y de la civilización latina. No puedo pensar en ese pasaje sin emocionarme. Y si me he permitido escribirle es para agradecerle esa emoción.

Suyo,

E. M. CIORAN

66 — A JEAN PAULHAN[97]

París,
2 de febrero de 1953

Querido señor:

Me rindo a sus argumentos y renuncio sin problema al pasaje sobre el catolicismo.[98] «Religión para histriones»... Como ortodoxo, no estaba en posición de hacer una afirmación tan poco elegante.

En cuanto a la cita de Kleist,[99] probablemente la traduciré.

Le agradezco que haya aceptado mi artículo a pesar de las ingenuidades que abundan en él. Con todo, no deja de ser cierto que la muerte es un asunto un poco pueril.

Reciba, estimado señor y maestro, un saludo respetuoso.

E. M. CIORAN

---

[96] *Tropic of Cancer*, primera novela de Henry Miller, se publicó en 1934 en París (en 1961 en Estados Unidos); allí no se dice que la escena en cuestión (cap. 9) suceda precisamente en esa calle. Cioran vivió en el número 2 de la rue Lhomond durante su primera temporada en París, entre febrero y marzo de 1935.

[97] Escritor francés nacido en 1884, muerto en 1968.

[98] Se trata del artículo de Cioran «D'une certaine expérience de la mort», que Jean Paulhan publicará en *La NRF* en junio.

[99] «Ein Strudel von nie geahnter Seligkeit hat mich ergriffen...» (carta de Kleist a su prima Marie, escrita el 21 de noviembre 1811, día del suicidio del poeta); literalmente, «un torbellino de felicidad nunca antes imaginado se ha apoderado de mí». Véase *La Tentation d'exister*, en *Œuvres*, París, Gallimard, colección Bibliothèque de la Pléiade, 2011, p. 419.

P. D.: Acabo de darme cuenta de que el sentido de la cita de Kleist está más o menos sugerido en la frase anterior. Siendo así, temo que una traducción sea redundante. Y luego está esa admirable *Seligkeit*, que queda tan mal en francés.

67 — A François Mauriac[100]

París,
29 de abril de 1957

Mi querido Maestro:

Dado que sus observaciones sobre mi pequeño prólogo[101] han cobrado para mí la importancia de un requerimiento, siento que le debo una explicación. Sobre todo porque su forma de fe es la única que aprecio: no en vano ha opuesto siempre las penalidades de la salvación a las de la duda. El escéptico no tiene ninguna ventaja sobre el creyente: aquel lleva el fardo de sus perplejidades; este, el de sus certezas. Cualquiera que sea nuestra inclinación, nos exponemos al vértigo, nos topamos con lo Insoportable.

«La dulce mediocridad de los Evangelios»: me reprocha, con razón, estas palabras. Pero ¿qué otras podría haber escrito el hijo de un pope? Desde que empecé a definirme lo hice por reacción contra las verdades de mi padre, contra el cristianismo. A este motivo exterior se suma otro, íntimo: mi incapacidad de entender a Cristo, diría incluso de imaginarlo. Dios, en cambio, nunca ha dejado de acosarme y torturarme; los sufrimientos que me ha infligido son el honor de mis días, un desastre inesperado, un infierno que me redime ante mis ojos. Pero, aunque se ha mantenido en mis pensamientos, no lo ha estado en mi corazón: nunca he podido amarlo... Un creyente *sin la gracia*, es así como

---

[100]   Escritor francés nacido en 1885, muerto en 1970.
[101]   Prólogo a *Joseph de Maistre. Textes choisis et présentés par E. M. Cioran*, Mónaco, Éditions du Rocher, 1957. François Mauriac reseñó el libro en su «Bloc-notes» de *L'Express*, 26 de abril de 1957.

me veo. Estoy convencido de que esta paradoja no le arrancará una sonrisa, porque usted seguramente conoce esos momentos en que se daría el universo entero por una oración, pero ninguna palabra se adhiere al misterio, uno permanece aturdido en el umbral de una llamada y está tan lejos de sí mismo como de todo.

Si sigo repasando mis imposibilidades no acabaré nunca. Y además ¡tienen tan poca importancia! Es hora de que me detenga y vaya a lo esencial: agradecerle que me haya interpelado y reiterarle el tributo de mi afecto y admiración,

E. M. CIORAN

68 — A UN CRÍTICO[102]

París,
10 de mayo de 1957

Señor:

No pretendo afirmar que sus comentarios sobre mi libro sean completamente falsos; hay algunos que incluso son casi verdaderos. Por desgracia, usted pasa por alto lo esencial y simplifica en exceso cuando atribuye mis divagaciones a la vanidad. El procedimiento es demasiado cómodo y, creo yo, indigno de usted. Si nos ceñimos a los pasajes sobre Rumanía, ¿en qué cabeza cabe que se escribieron únicamente buscando el escándalo? Usted sabe tan bien como yo que se puede expresar un amor en términos negativos y que incluso se hace muchas veces *por pudor*. Pero eso no es todo: afirma que los ataques a mí mismo no son más que una forma de distraerme de mi engreimiento. ¿Por qué, entonces, no habría que ver en los que he dirigido contra mi país la

---

[102] Probablemente D. D. Roşca, autor del artículo «La tentación de existir... del señor Cioran», publicado en la revista de Bucarest *Contemporanul* el 1 de mayo de 1957. Algunas páginas de *La tentación de existir* (1956) sobre Rumanía habían provocado andanada ola de artículos muy hostiles en la prensa rumana, más o menos promovidos por las autoridades comunistas.

expresión de un afecto que no se atreve a confesar su nombre? La agresividad nunca ha sido señal de indiferencia ni de odio. Usted sabe bien que Rumanía siempre me ha obsesionado; de lo contrario, ¿la habría difamado con tanto afán y tanta tristeza? Múltiples son las vías del amor; yo he optado por la que castiga, pero al castigar mis orígenes y a los míos me fustigo a mí mismo. Si usted hubiera hecho un pequeño esfuerzo de objetividad, habría adivinado la cantidad de sufrimientos que ocultan mis ataques. Sin embargo, ha preferido ceder a la facilidad, interpretando mis palabras literalmente. Si quiere demostrar a cualquier precio que soy un monstruo del egoísmo, lo admito, les dejo a ustedes la libertad de ser puros y creerse tales. Con una conciencia tan limpia y tan ligera es obvio que se pueden escribir acusaciones con total tranquilidad. Por mi parte, acepto que soy odioso, no sin compadecer un poco su honorabilidad y su buena suerte. Sobre todo, no vaya a pensar que albergo algún rencor hacia usted. Comprendo su soledad y me da tanta lástima como yo a usted.

Suyo,

Em. C.

69 — A Constantin Noica

París,
7 de enero de 1958

Mi querido Dinu:

Creo que me he equivocado al mencionar el problema comercial que plantea la publicación de tus *Povestiri*.[103] Es estrictamente imposible prever el destino de un libro. Por lo tanto, hay que escribirlo y abandonarlo a su suerte. Ahora que has terminado tu *Hegel*, tradúcelo al francés y luego veremos dónde podemos colocarlo. Porque en estos asuntos no es bueno sopesar sin fin el pro y el contra, ni hacer equilibrios entre el miedo

---

[103] *Povestiri despre om. După o carte a lui Hegel* [«Cuentos sobre el hombre. A partir de un libro de Hegel»]. Se publicará en 1962 en rumano.

al éxito y el miedo al fracaso. Lo importante es creer en un libro cuando se está haciendo; los escrúpulos que aparecen después son siempre tan terribles que, si se tuvieran en cuenta, sería imposible dar un texto a la imprenta. Tampoco hay que hacer caso de las sugerencias externas, ni aceptarlas pensando que se pueden rechazar más adelante. En filosofía, más aún que en literatura, debes hacer lo que quieras, reaccionando, a partir de cierto punto, como un fanático; de lo contrario te quedas paralizado para siempre. A ti te lo digo: no escuches nuestros consejos o redúcelos a su justo valor; tú eres el juez supremo de tus obras. Mi punto de vista sobre tus *Cuentos* era el de un editor obsesionado por la idea mezquina del éxito, de la venta; de ahí las [perplejidades] prácticas a que se refería mi carta. Pero, como te he dicho, el destino de un libro no se conoce. Acaba el tuyo, tradúcelo y deja que corra su suerte. No te preocupes por lo que puedan pensar los filósofos oficiales de aquí. Seguramente, imagino, estarán en contra; tu trabajo les parecerá excesivamente temerario y personal, en todo caso cuestionable. Como ya te había dicho, mi relación con ellos es casi inexistente; pero, a fin de cuentas, ¿con quién tengo yo aquí buena relación? Desde hace varios años me he vuelto tan salvaje que me retraigo ante la perspectiva de cualquier relación, sea la que sea, con el mundo de las letras o de la filosofía. Y no sin vergüenza pienso en la época (1950-1951) en que asistía a todos los cócteles, en que hacía estúpidamente el papel de hombre de mundo, de ensayista esnob, borracho e impertinente, soltando paradojas baratas para divertir a las señoras ricas y los escritores sin talento que pululan en la «alta sociedad». Hoy me siento más como alguien que está volviendo a su timidez primitiva, en este caso la que tenía con veinte años cuando hicimos juntos el viaje a Ginebra con Picky [Pogoneanu] (pienso en él con amargura) y con aquel [Vasile] Moşinski que, recordarás, tenía para mí el enorme defecto de *de-a se bucura de viață*.[104] Como entonces, todo me

---

[104] En rumano, «disfrutar de la vida».

da miedo, en especial la gente; mi relación con ella se resiente: es falsa. Puede que sea falta de generosidad lo que me hace sumirme cada vez más en la soledad.

No sabes cómo te agradezco que le escribieras a mi padre (fallecido el 17 de diciembre). Me aseguran que para él fue un gran consuelo, antes de su muerte. Si le dolió tanto la campaña de prensa contra mí fue porque, en parte, reconocía que llevaba razón. Obraba de buena fe; su indignación procedía de una herida secreta de la que me consideraba causante ingrato e indigno. Pero en sus últimas cartas suavizó su descontento conmigo. También me aseguran que en su testamento me implora que no reniegue de Dios ni de la patria... ¡Qué extraño es esto de tener unos padres honestos! Me he formado por reacción contra sus virtudes, he practicado la impertinencia y cultivado el cinismo por odio a su modestia. Uno se redime como puede de ser *ardelean*,[105] esa tara de la que no siempre estoy orgulloso. La propensión que tengo a cuestionarme siempre mis orígenes, a pelear con lo inevitable, a querer librarme de la fatalidad, es una estupidez. Todo ello, mala literatura, aunque es así como uno envenena sus días.

Hablo a menudo de ti con Stéphane Lupasco,[106] que te admira mucho pero no puede escribir a nadie, ni siquiera a ti. Se disculpa y le apenaría que se lo reprocharas.

La mulți ani![107]

Tuyo,

EMIL CIORAN

---

[105]   «Transilvano».
[106]   Filósofo francés de origen rumano (1900-1988).
[107]   Aquí: «¡Feliz año!».

70 — A Jean Paulhan

París,
8 de febrero de 1958

Querido Señor y Amigo:
La imposibilidad en que me encuentro de convencer a las autoridades de este país de que soy escritor o algo por el estilo me ha hecho tomar la decisión —sin duda histórica— de ingresar en la Sociedad de los Literatos. Es la razón por la que me he permitido importunarle y pedirle esta carta de presentación, que me encanta, como todo lo que peca contra la objetividad. Gracias.
Acepte, estimado Señor y Amigo, mis afectuosos respetos,

E. M. Cioran

71 — A Ernst Jünger[108]

París,
10 de marzo de 1959

Querido señor Jünger:
Le agradezco su carta y el envío de sus admirables máximas. Es un acierto por su parte querer resucitar un género que se ha dejado morir porque no encajaba en un siglo tan prolijo como el nuestro. En cualquier caso, deseo ardientemente que su «juego» tenga éxito, porque la idea es ingeniosa. Me será imposible hacerle llegar por el momento unas máximas nuevas; pero si entre las antiguas hay algunas que le parezcan aceptables, puede sacarlas de la nada en la que están sumidas, pues mis *Silogismos [de la amargura]* son prácticamente desconocidos, incluso

---

[108] Escritor alemán nacido en 1895, muerto en 1998. Tras la lectura de *Silogismos de la amargura*, quiere proponer a Cioran, al escritor Marcel Jouhandeau (1888-1979) y a otros que participen en su proyecto *Mantrana*, juego literario basado en una circulación anónima de máximas (el libro se publicará en Alemania en 1964: véase *Mantrana*, trad. de P. Morel, París, La Délirante, 1984).

en Francia. Como *Spielname*[109] le propongo *Rasinar* [*sic*], el nombre del pueblo donde nací, cerca de Hermannstadt, en Transilvania (Siebenbürger).

Si veo a Marcel Jouhandeau trataré de explicarle su proyecto. A decir verdad lo veo poco, y solo en el «mundillo».

Ya que se ocupa de Rivarol,[110] me permito enviarle un texto mío sobre uno de sus contemporáneos al que sin duda conocerá: Joseph de Maistre. Es un pensador que, también él, se rebeló contra la *Anmassung naturwissenschaftlichen Intelligenzen.*[111] Espero con impaciencia su revista; en cuanto a colaborar en ella, me siento demasiado incompetente y demasiado frívolo.

Saludos cordiales,

E. M. Cioran

72 — A Jules Supervielle[112]

París,
20 de octubre de 1959

Mi querido Maestro:

Al tener la desgracia de poseer un cuerpo y sufrir en cada momento su peso, creo que comprendo mejor que nadie lo que expresan sus poemas y sobre todo lo que ocultan, ese drama psicológico que confina con la metafísica, esos horrores de la carne que transcurren en un trasfondo cósmico.

Pero lo que me gusta especialmente de usted es el sentido del humor: cuando se posee tanto, se triunfa sobre la vida y la muerte: se está a salvo. Por eso sus terrores, en vez de abatirme, me inspiran una envidia devota.

E. Cioran

---

109 En alemán, «nombre de juego».
110 El ensayo de Ernst Jünger *Rivarol* se había publicado en 1956.
111 En alemán, la «pretensión de las inteligencias científicas».
112 Poeta francés nacido en 1884, muerto en 1960.

73 — A Ernst Jünger

París,
29 de julio de 1960

Querido señor Jünger:

Gracias por su carta y por lo que me señala en ella. Comunicaré a Limes Verlag el nombre del profesor Weinert.

Mi situación es de las más paradójicas o, mejor dicho, de las más falsas: ya no tengo ganas de ser conocido, la idea misma de notoriedad me repugna y, sin embargo, por una secuela fatal o por falta de carácter, me veo obligado a dar pasos incompatibles con mis convicciones. ¡Anhelar el anonimato y correr detrás de los traductores! En materia de vergüenza o de ridículo no tengo que envidiar a nadie.

A mí también me encantaría verlo de nuevo en París, y espero que sea pronto.

Reciba, querido señor Jünger, el testimonio de mi amistad.

E. M. Cioran

74 — A Armel Guerne[113]

París,
18 de septiembre de 1961

Mi querido Guerne:

Leyendo su carta, mensaje de otro mundo, me cuesta imaginar su molino[114] *desde aquí.* Usted mismo me parece una figura mitológica o, mejor dicho, un maravilloso desertor, lejano, inaccesible. No encuentro en mí nada que me permita concebir su suerte. Juzgue usted mismo: vacaciones fallidas en Santander, donde Simone y yo nos alojamos en la vivienda protegida de un obrero. En cuanto llegamos me pongo enfermo: sinusitis, etcé-

---

[113] Poeta y traductor francés, nacido en 1911, muerto en 1980.
[114] El Vieux Moulin de Tourtrès, en Lot y Garona, que Armel Guerne había comprado un año antes.

tera. Un especialista indígena me obligó a seguir una cura en un balneario a treinta kilómetros de la ciudad y tuve que languidecer durante cuatro horas diarias en un tren tartana apenas más reciente que las cercanas cuevas de Altamira. Pero lo peor de todo fue soportar el espectáculo de los tenderos franceses, llegados por decenas de miles, con sus transistores y sus jetas indolentes. Metidos en este infierno, el final de nuestra estancia nos pareció una liberación. Simone fue a ver a su familia; yo volví a París el 10 de agosto *con alegría*; con eso está todo dicho. Lo que, tanto allí como aquí, me ha impedido desanimarme por completo, son los *acontecimientos*.[115] Por ese lado, al menos, hay esperanza.

Un saludo amistoso para usted y para la señora Guillemin,[116]

SIMONE Y CIORAN

¿Sabía que *La nuit veille*[117] tiene un admirador apasionado en Santander? Es un farmacéutico...[118]

75 — A ARMEL GUERNE

París,
29 de septiembre de 1961

Mi querido Guerne:

Decididamente, el Molino está demasiado lejos. Lo sabía, y lo sé mejor ahora, después de comprender que me era imposible ir hasta allí, al menos de momento. ¿De dónde sacaría una semana libre de compromisos? Como les pasa a todos los holgazanes, mi dependencia es la peor que se pueda imaginar. Para vivir como vivo, sin oficio concreto, tengo que ver gente, moverme y ofrecer a los dioses que presiden mis destinos la ilusión del

---

[115]   En español. Cioran quizá se refiere al final de la crisis de Bizerta, en Túnez.
[116]   Ellen Guillemin Nadel (1905-1988), la compañera de Armel Guerne.
[117]   Libro de Armel Guerne publicado en 1954.
[118]   El bibliófilo Manuel Núñez Morante (1917-1965), que se hará amigo de Cioran.

ajetreo y la eficacia. Lo consigo a costa de mi libertad, justamente lo que se trataba de salvar.

Pero hay otro motivo, más serio, que me ata a París. Simone, nombrada profesora de *khâgne*[119] (¿?), está tan hasta arriba de trabajo que he tenido que encargarme yo de los asuntos del cuchitril. Irme de vacaciones, en estas condiciones, sería un acto de cinismo del que, pese a mi herencia balcánica, no me siento capaz.

A los dos, de todo corazón,

E. M. CIORAN

76 — A MARÍA ZAMBRANO[120]

París, 11 de marzo de 1962

Querida amiga:

Decididamente, Roma se ha convertido en su segunda patria. En cualquier caso, parece que le gusta estar allí, lo cual, para sus amigos de París, equivale a una traición. Yo, por mi parte, soy más indulgente con usted desde que recibí su carta y la buena noticia de que va a venir aquí en junio.

Le he pedido a Alonso[121] el texto que ha escrito usted sobre el exilio. Me ha prometido enviármelo. Pero a propósito del exilio, ¿ha recibido una carta de Denis de Rougemont, que debe publicar un libro colectivo sobre este tema?[122] Le he pasado su dirección rogándole que le escriba, ¿lo ha hecho? En la carta que le envié puse su artículo de *Diogène*:[123] era la mejor recomendación, creo yo.

Por el mismo correo recibirá un librito mío, *Histoire et utopie*. ¿No se lo habré enviado ya? Si es así, tírelo a la basura. Fue

---

[119] Curso preparatorio para el ingreso en la Escuela Normal Superior. *(N. del T.)*
[120] Filósofa española nacida en 1904, muerta en 1991.
[121] Ángel Alonso (1923-1994), pintor francés de origen español.
[122] Al parecer, el proyecto del escritor suizo Denis de Rougemont (1906-1985) no se materializó.
[123] «Les rêves et le temps» [«Los sueños y el tiempo»], publicado en 1957.

escrito —este detalle es importante— a raíz de una conversación que tuvimos en el Flore, me parece, sobre la utopía. Se me ocurrió entonces hablar de este asunto y lo hice con toda la frivolidad de que soy capaz.

Me pregunta qué estoy «preparando». La verdad es que tengo muchos proyectos, pero ninguno ha cuajado con fuerza en mi mente. Cada vez estoy más convencido de que en mi naturaleza hay un principio de esterilidad contra el que me resulta imposible luchar. Mi voluntad está encadenada, rota, enferma. Si tuviera fe creería en la predestinación; de todos modos creo en ella. Lutero es, sin duda, mi hombre; no lo diga mucho por ahí, no quiero que me excomulguen.

Aunque ya no me dedico a la edición, el libro de Zolla[124] podría interesarme. El título es curioso.

Gracias de nuevo por su carta. Sepa que sus amigos no la han olvidado, que hablo a menudo con los Alonso, los Worms,[125] Gabriel Marcel,[126] etcétera.

Saludos cordiales,

E. M. Cioran

77 — A Armel Guerne

París,
22 de octubre de 1962

Mi querido Guerne:

En ningún momento he puesto en duda el encanto del Molino, pero siempre pensé que era peligroso para usted que se entretuviera demasiado allí. Después del marco que le brinda, no veo cómo podría adaptarse de nuevo a París, al Barrio, a su calle y a su piso, es decir, a un mundo sin horizonte. Será para usted un verdadero calvario volver a estos lugares malditos. Al

---

[124]   Seguramente *Eclissi dell'intellettuale*, publicado por Bompiani, Milán, en 1962.
[125]   Jeannine Worms (1923-2006), dramaturga, y su esposo Gérard Worms (1912-1999), editor.
[126]   Filósofo católico nacido en 1889, muerto en 1973.

regresar de vacaciones tuve un ataque de melancolía casi insoportable. ¡Y fue solo después de tres semanas! ¿Cuál será su reacción cuando casi han pasado dos años? ¡Piense que mientras tanto, todo, absolutamente todo, se ha vuelto más feo y más atroz, y el *Grossparis*[127] tiene ahora más de ocho millones de cretinos! Le recuerdo estas cosas a fin de que vaya preparándose para lo peor y se entrene metódicamente para las decepciones que le esperan. Uno no se ausenta con impunidad del infierno. ¡Cuando pienso que tendrá todos los días ante los ojos esas casas leprosas y el Panteón, y ningún ciprés! (Entre paréntesis, el árbol que más me gusta y que por sí solo me consolaría de la desaparición de la Naturaleza, y hasta de la Poesía). Usted me anuncia la partida de las palomas torcaces. Yo he asistido, en el Burgenland (en la frontera húngara) a la de las cigüeñas, en pleno agosto. Fue sombrío, e inolvidable. Le ahorro todas las reflexiones que cruzan por la mente de un nómada metido a literato.

A los dos, con toda mi amistad,

E. M. CIORAN

78 — A JEAN PAULHAN

París,
27 de enero de 1963

Querido señor y amigo:

Me alegra que gracias a usted la Ironía pueda hacer por fin su entrada en una institución cuyos estatutos la mantenían a raya.[128] La paradoja de su elección, todo el mundo la advierte y la comenta. Si lo hubieran creado arzobispo de París, la gente no se habría sorprendido tanto. Es porque le creen al margen de todo, cuando usted tiene apego a infinidad de cosas. Su propia ironía ¿acaso no es una forma de moderar o disimular sus fervores?

---

[127] En alemán, Gran París.
[128] Jean Paulhan acababa de ser elegido miembro de la Academia Francesa.

La aventura que acaba de sucederle, en el fondo, tiene un sentido, sobre el que se complacen en meditar la amistad y la admiración.

E. M. Cioran

79 — A Armel Guerne

París,
21 de marzo de 1963

Mi querido Guerne:

Seguramente iré algún día al Molino, pero no puedo prever cuándo. Por ahora estoy muy «ocupado», o mejor dicho, me he creado ocupaciones para representarme esa comedia a mí mismo. De repente, temeroso del futuro, se me ocurrió la idea de emprender algo que no fuera ni demasiado frívolo ni demasiado serio y que no requiriese ninguna habilidad. Así que decidí pasar al ataque por última vez, en la edición, naturalmente. Mi misión consiste en proponer a una de las múltiples editoriales que explotan Le Livre de Poche unos ensayos filosóficos que pertenecen al dominio público. Durante dos semanas rebusqué en bibliotecas, leí u hojeé un número considerable de libros que podrían interesar a nuestros queridos contemporáneos. Encontré unos veinte y, muy ufano, se los presenté uno a uno a mis superiores. Por desgracia, ninguno pudo ser aceptado por la sencilla razón de que ninguno estaba en el dominio [público], pues yo no sabía que englobaba [excluía] todo este siglo e incluso el final del otro. Así que tengo que volver a empezar y llevar mis indagaciones más lejos, sin grandes esperanzas de llegar a un resultado cualquiera.

Me enteré de que en varias editoriales estaban preparando un Lao-Tse. ¡Dese prisa! Que el taoísmo se haya convertido en una necesidad para el mundo actual no me sorprende: todos esos revoltosos, todos esos febriles deben de sentir en secreto la nostalgia de la quietud, por no hablar de que todos son rebotados del cristianismo. ¡Pronto les brindará usted un producto de sustitución! Para un católico, ¡qué apostasía!

Me alegro mucho de saber que la señora Guillemin es capaz de andar sola. De aquí al verano seguramente recorrerá un kilómetro.

Un saludo cordial a los dos.

E. M. Cioran

80 — A Mircea Eliade

París,
23 de abril de 1963

Mi querido Mircea:

Al leer tu último artículo en *La NRF*[129] me decía: menos mal que hay un rumano capaz de seguir una línea de conducta intelectual sin dejarse distraer de ninguna manera. Cuando pienso en tu actividad realmente ejemplar, así como en tu fecundidad, mi condición me parece tan lamentable que no puedo pensar en ella sin vergüenza y pena. Estoy seguro de que los dioses que han guiado nuestros destinos no son los mismos. Yo estoy abocado a la esterilidad, al fragmento, al esbozo. Hasta ahora he conseguido camuflar mis deficiencias; ¿seguirá siendo así en el futuro? Lo dudo. No imaginas lo imposible e irrealizable que me parece todo. A decir verdad, estoy perdiendo la poca confianza en mí que tenía, si no la he perdido ya. Todo me pesa, todo me cansa. Escribir me resulta una actividad inconcebible, una infracción flagrante y desatinada de mi creencia en la inanidad universal. He socavado todas mis ilusiones, me he burlado de ellas, y ahora me veo obligado a vivir mis sarcasmos, a sacar consecuencias prácticas de ellos, víctima de una visión risible. He alcanzado la sabiduría, pues ya no vivo en contradicción con mis ideas. ¡Cómo añoro el tiempo en que una frase armoniosa

---

[129] «Mythologie de la mémoire et de l'oubli», publicado en el número de abril de 1963.

me consolaba de cualquier fallo! Pero ¿para qué seguir lamentándose? Hay que ser capaz de rezar.

Cu toată dragostea,[130]

EMIL

P. D.: Otra vez te escribiré una carta más alegre, porque esta, en
materia de humor negro, se pasa de la raya. *Vă îmbrățișez pe
amândoi. Cand veniți la Paris?*[131]

81 — A YVES BONNEFOY[132]

*París,
8 de noviembre de 1963*

Mi querido amigo:

Estoy hecho de tal manera que no puedo ni prometer ni
mantener mis promesas. Mi capacidad de indecisión roza la
indecencia. Me gusta moverme (supuestamente) a condición de
no cruzar los límites de lo virtual. «Eternal activity without
action»: esta frase de Wordsworth sobre Coleridge, el patrón de
los abúlicos, me atrae y me persigue.[133] Hasta su regreso tendré
todo el tiempo para pensar en el proyecto del que me acaba de
hablar. De modo que sigo su consejo y por ahora me abstengo
de dar un *no* explícito.[134]

Un cordial saludo,

E. M. CIORAN

---

[130]   «Con todo mi afecto», en rumano.
[131]   «Un abrazo a los dos. ¿Cuándo venís a París?».
[132]   Poeta francés nacido en 1923, muerto en 2016.
[133]   Cioran volverá a citar en *Del inconveniente de haber nacido* (1973) esta frase, que
en realidad es de Robert Southey (véase Cioran, *Œuvres, op. cit.*, pp. 767 y 1498).
[134]   Tal como se temía Yves Bonnefoy, Cioran declinó la propuesta que le había
hecho; se trataba de escribir una breve crónica «más o menos regular» en *Mercure de France* (véase Yves Bonnefoy, *Correspondance*, O. Bombarde y P. Labarthe,
eds., París, Les Belles Lettres, vol. I, 2018, p, 885).

82 — A Armel Guerne

París,
30 de noviembre de 1963

Mi querido Guerne:

Si el enfado en sí mismo mereciera la santidad, yo sería un santo desde hace mucho. ¡Porque se trata de santidad! Me paso la vida al teléfono, o en las bibliotecas, buscando un libro que me reconcilie conmigo mismo o con las cosas. Cuando no pierdo el tiempo en conversaciones lo pierdo leyendo: leo, leo, inútilmente, para no pensar, para no ver lo sumido que estoy en el sinsentido. Conforme los días van pasando y yo no hago nada, por todas partes me apremian a escribir, a publicar, y yo no puedo ni quiero pronunciarme. El otro día, me piden un artículo para una revista. Contesto: más tarde. Me dicen que les dé un título para poder anunciar mi colaboración. No encuentro ningún asunto sobre el que pueda escribir, fue mi respuesta. Mientras tanto, de todos modos, intentaré secretar un texto sobre la rabia.

Mi drama es bien sencillo: todos mis antepasados vivieron en las montañas a merced de los elementos y yo me arrastro desde hace treinta años por las metrópolis. Estaba hecho para ser lo que fuera, salvo urbano y literato.

Lo dejo aquí, pues no quiero compadecerme a mí mismo (lo que, por otro lado, no dejo de hacer). Pasando a cosas más serias, ¿le he dicho que he recomendado su *Tao* al director de Le Livre de Poche? Hasta ahora, ninguna respuesta. Seamos escépticos.

La otra noche, en una película «psiquiátrica», vi a Mounir,[135] que escuchó con mucho interés los elogios que le hice del Molino.[136] En el fondo él es como yo: vive en la exasperación.

Un saludo cordial a los dos,

E. M. Cioran

---

[135] Mounir Hafez (1911-1998), islamólogo francés de origen egipcio.
[136] Cioran y Simone Boué pasaron unos días en el molino de Armel Guerne en septiembre de 1963.

83 — A Armel Guerne

París,
9 de marzo de 1964

Mi querido Guerne:

Para venir aquí ha elegido la semana en la que todos se van, hasta las ratas. Al menos se llevará de París una visión menos horrible que si hubiera venido en otra época. He salido indemne de las pruebas académicas y de otro tipo.[137] Al cóctel ofrecido tras la recepción solo me quedé un minuto, y gracias. Es casi inconcebible que alguien pueda prestarse a ceremonias tan ridículas y fúnebres, que, lo he comprobado con cierto alivio, solo interesan a las mujeres. El único momento curioso bajo la *Coupole*: la entrada de los académicos, saludada por el furor de los tambores. Un verdadero patio de Monipodio... Esos octogenarios de uniforme, contrahechos, cojitrancos, con sus jetas rencorosas y siniestras, pegarían mucho más como vagabundos, en el muelle de enfrente, junto a una botella de tinto.

Acabo de tomar una decisión casi heroica: reunir los artículos que he publicado desde hace tres años. En total apenas serán ciento cincuenta páginas, poco más que un folleto. ¿Le llevaré el manuscrito a Gallimard? Tal es la pregunta que he estado haciéndome durante toda la semana pasada. La lucidez contestaba que no; la apatía, que sí. Para zanjar el asunto lo llevé al crematorio de la calle Sébastien-Bottin. Hay que creer en un libro. Si no se cree en él, ¿para qué publicarlo? Mis dudas, por desgracia, no han suprimido mis automatismos. Seguiré haciendo cosas que me será imposible defender. El drama de esta *insinceridad* es el fondo mismo de mi opúsculo.[138]

---

[137] Alusión a la ceremonia de ingreso de Jean Paulhan en la Academia Francesa.
[138] *La Chute dans le temps* [*La caída en el tiempo*] se publicará en Gallimard, colección Les Essais, en 1964.

Me alegro de que la señora Guillemin esté totalmente restablecida. Nos ha dado a todos un ejemplo supremo de tesón. Un abrazo a los dos.

Naturalmente, nosotros también nos vamos.

E. M. CIORAN

Se trata de Michel Tournier.[139] Casi no le conozco, y además ya no voy a Plon.

Una señora amiga mía acaba de informarme de que un rabino o algo por el estilo habló el viernes, en el programa «La Voix d'Israël», de los *Récits* y de su traductor, de Buber y de usted[140] (en términos elogiosos, al parecer).

84 — A ARMEL GUERNE

París,
16 de junio de 1964

Mi querido Guerne:

Espero que la señora Guillemin ya esté bien. No podía imaginar que su silencio tuviera motivos tan serios; lo atribuía a la fatiga de este verano violento y precoz. Pero ahora veo que ningún paraíso es perfecto, ni siquiera el suyo.

Desde su separación definitiva de París, alguien debía asumir la función que usted desempeñaba allí: cantarle las cuarenta a la gente y, si era preciso, insultarla. Ese alguien soy yo. En contra de todos mis principios, pierdo los estribos por nada (en el fondo, todo es «nada», hasta lo importante). El otro día me puse a gritar por teléfono porque una empleada de Gallimard se había tomado ciertas libertades con un texto mío. Si usted me hubiera oído, me habría *envidiado*, estoy seguro. Superé sus me-

---

139 Cioran contesta a una pregunta de Guerne sobre un proyecto de traducción para la editorial Plon, donde a la sazón trabaja el escritor Michel Tournier.

140 Alusión a los *Récits hassidiques* [*Cuentos jasídicos*], de Martin Buber, publicados en Plon en 1963, traducidos por Armel Guerne.

jores ataques de rabia. Esto tiene fácil explicación, porque vengo de un país donde la palabra es una adquisición reciente. Otra hazaña: un joven editor me invita a almorzar; como me hace esperar más de media hora, me largo sin avisar. Le dejo que imagine la «conversación» por teléfono, horas después. Sin embargo, he decidido corregirme: con un poco de cobardía lo lograré, sin ninguna duda. En el fondo sé bien de dónde me viene esta furia que se ha apoderado de mí y me obliga a despotricar de todo: si estuviera un poco más contento de mí mismo dominaría fácilmente mis estados de ánimo. Pero no tengo ningún motivo para soportarme, y aún menos para estar satisfecho conmigo mismo.

Aún no sé lo que haré este verano ni cómo podré salir de París, con todos esos malditos compromisos que no puedo esquivar. Trataré de no olvidar la habitación de la rectoral...[141] Un saludo cordial a los dos.

85 — A ARMEL GUERNE

París,
14 de octubre de 1964

Mi mala estrella, es decir mi mala salud, no me abandona. ¡Una semana de gripe! Así que la cura de este verano no habrá servido de nada. Debería haber hecho otra, en Enghien[-les-Bains], pero me ha resultado imposible por motivos, ¿cómo llamarlos?, digamos que estéticos. No puede usted imaginar la fealdad actual de las afueras. No son feas, son horribles, son terroríficas. Y hay personas que «viven» todo el año en medio de esa pesadilla, como un joven barbero, llegado de una aldea cerca de Miramont, ¡que me hablaba de la falta de «vida» en provincias! Aún me reprocho el haberle dejado la propina de rigor.

---

[141] Habitación puesta a disposición de Cioran en la finca del molino perteneciente a Guerne.

En cuanto me he repuesto un poco he tenido que terminar un artículo de... teología.[142] He logrado, no sin esfuerzo, divagar a lo largo de quince páginas. Es prácticamente imposible hablar de Dios cuando no eres ni creyente ni descreído. No sabes por dónde andas. El trabajo no avanza, a falta de objetivo o, lo que es peor, de pasión. En las cuestiones metafísicas he adquirido un hábito escéptico del que no logro deshacerme y que me paraliza, porque me impide ofuscarme sobre lo que sea. Admiro por igual a los que rezan y a los que lo detestan. Es porque para mí rezar siempre ha sido una tentación y una imposibilidad, una necesidad irrealizable. Si envidio una vida, es la del peregrino ruso cuyos relatos acabo de leer.[143] ¡Andar y rezar! Solo puedo andar...

Deme noticias suyas.

Un abrazo a los dos,

E. M. CIORAN

86 — A JÓZEF CZAPSKI[144]

*París,
20 de noviembre de 1964*

Mi querido amigo:

Gracias por su carta, que me ha conmovido profundamente. Que en mi libro[145] haya cosas que le desconcierten o irriten es del todo normal. Yo también me exaspero a menudo con mis continuas vacilaciones. Sobre más de una cosa a veces me gustaría saber a qué atenerme. No me planteo hacer «filosofía»: describo sensaciones, experiencias, de una forma más o menos abstracta. Eso es probablemente lo que ha sentido usted. Además, su conocimiento de Rozanov (¡al que me considero tan

---

[142] «Le Mauvais Demiurge» se publicará en *Mercure de France* en enero de 1965.

[143] Alusión a *Récits d'un pèlerin russe à son père spirituel* (trad. de G. Gauvain, París, Seuil, 1948).

[144] Pintor y escritor polaco, nacido en 1896, exiliado en París desde el fin de la Segunda Guerra Mundial hasta su muerte, en 1993.

[145] *La Chute dans le temps*.

cercano!) debe hacerle maravillosamente apto para percibir mis debilidades e insuficiencias. Pero hay algo en lo que es usted injusto: me acusa de no apreciar a Tolstói. Las apariencias están contra mí, lo reconozco, y el tono acusador que he adoptado frente a él me parece ridículo. Aun así, tengo una excusa, y no es pequeña, porque roza el delirio de grandeza: al denunciar sus pretensiones de profeta e insistir en su fracaso espiritual, ¡estaba pensando en mi propio fracaso! He aquí la frase clave (me cito, ¡qué vergüenza!): «Odiar el mundo es odiarse, es dar demasiado crédito al mundo y a sí mismo, es volverse incapaz de librarse de ambos».[146] Me ataqué a mí mismo a través de un gran modelo, lo utilicé para exhibir (y también camuflar) mis pequeñas heridas. Más sencillamente: todo lo que es negativo y sombrío, todo lo que es malo en el último Tolstói, lo siento vivamente en mí mismo, lo experimento a lo largo del día...

De todo corazón, suyo,

E. M. Cioran

87 — A Armel Guerne

París,
25 de noviembre de 1964

Mi querido Guerne:

Gracias por sus dos cartas. Ahora que estoy descargado de las obligaciones que se imponen a los autores,[147] de pronto me siento libre y descontento conmigo mismo. Conozco esta clase de insatisfacción desde que, liberado de algunas preocupaciones, me pregunto sobre mis intentos y mis fracasos. Admiro a los que aman lo que hacen. Yo siempre tengo dudas, incluso cuando sé que no son completamente legítimas. Se está convirtiendo en lo que los psiquiatras llaman «enfermedad de los escrúpulos».

---

[146] Cita de «La plus grande des peurs. À propos de Tolstoï», en *La Chute dans le temps* (*Œuvres, op. cit.*, p. 596).
[147] Alusión al «servicio de prensa» de *La Chute dans le temps*.

¿Qué puedo hacer? Hace mucho le prometí un artículo a una de esas revistas llamadas literarias; mal que bien, conseguí escribirlo e incluso entregarlo. Varios días después, preocupado, se lo pedí para hacer unas correcciones... Acabo de mandárselo de nuevo y, si no temiera el ridículo, volvería a las andadas y a las lamentables explicaciones. No tengo los mismos escrúpulos con un libro, porque el libro no lo lee nadie: es un objeto y punto. Pero la revista pasa de mano en mano. ¿Qué valor tiene un texto ideado en París, donde se dispone de tiempo para escribir pero no para reflexionar? Para dar un respiro a mi mente he decidido romper con no poca gente de aquí: ¡se acabó la *social life*! A todos los que quieren verme (pero ¿por qué quieren verme?, no lo sabré nunca) les digo que estoy ocupado hasta Navidad, aunque debería decir hasta el Juicio Final. En París, lo más difícil de defender es la soledad. No obstante, acabo de descubrir una hora en la que esta ciudad infernal es bastante soportable, incluso extraordinaria, como debió de ser para los afortunados que vivieron en ella antes que nosotros: ¡es entre las cinco y las seis de la madrugada! Es el momento en que, curiosamente, no sale nadie, ni siquiera los vagabundos; ellos, por suerte, no se mueven antes de las siete. Si pudiera organizarme para aprovechar todos los días esos instantes, estaría *a salvo* en todos los sentidos. Pero estoy divagando, como ve.

Un abrazo a los dos,

E. M. CIORAN

Me alegro de saber que la señora Guillemin está ahora muy bien.

88 — A ARMEL GUERNE

París,
28 de diciembre de 1964

Mi querido Guerne:

Es muy probable que el frío haya llegado hasta el Molino y le haya obligado a salir de la rectoral. No puedo imaginar cómo será su vida en esta época del año. Si estuviera en su lugar pasaría toda la estación en la cama, en el éxtasis del silencio (¡a pesar de los Boeings!). Después de terminar las *Nuits* tendría que haberse tomado un respiro, un periodo de no-traducción, en vez de imponerse inmediatamente una nueva tarea. ¡Picasso puede esperar![148] Creo que se lo he dicho muchas veces: usted ya ha cumplido en este mundo. ¿Cuántos han hecho un esfuerzo equivalente al suyo? Debería llevar durante algún tiempo una existencia vegetativa y vivir como parásito de su pasado. ¡Qué lástima que yo no pueda contagiarle ni una pizca de mi pereza! Usted tiene, sencillamente, una vitalidad de condenado. Por absurdo que le parezca, yo soy más sensato que usted, si sensatez significa abstención: no es ningún mérito, ya que nací en la esterilidad.

Desde que observo este mundo, no salgo de mi asombro al ver la energía que se gasta en él. Contemplo con verdadero horror cómo los demás se afanan y producen. La única actividad de la que soy capaz es leer; pero leer a tal extremo es un frenesí de lo más sospechoso. Aunque le cueste creerlo, casi todos los días voy a la biblioteca, lleno el maletín de libros y, para colmo de males, los devoro. ¿Se puede caer más bajo? No me dejo engañar por esta voracidad ni por esta febrilidad. Detrás de ellas distingo claramente la holgazanería y la impostura.

¿Cómo lleva el invierno la señora Guillemin? ¿Y Boudin,[149] sigue tan vivaracho?

Un fuerte abrazo a los dos,

E. M. CIORAN

89 — A ARMEL GUERNE

París, 26 de mayo de 1965

Mi querido Guerne:

Tenía que haberle escrito antes, pero he pasado las dos últimas semanas atareado con un texto sobre las ventajas del

---

[148] Armel Guerne debe traducir el estudio de Edward Quinn *Picasso at Work*, 1965.
[149] El perro de Armel Guerne.

politeísmo...[150] Extravagancia inútil; más me habría valido hacer cualquier otra cosa. A fuerza de leer a Celso y a Juliano el Apóstata he acabado por adoptar sus tesis y me he lanzado a una diatriba contra el cristianismo. Recién perpetrado el «crimen», mc han entrado remordimientos. Tendría que haber resistido en vez de dejarme llevar. Me falta carácter, no cabe duda. Si ahora me siento mal es porque soy cristiano a mi manera o, más exactamente, tengo *algo* cristiano, más allá de la educación que me dieron o las circunstancias de la vida. Pese a mi frivolidad, albergo un sentimiento profundamente arraigado de pertenecer al mundo; este sentimiento, cuando alcanza cierta intensidad, es sin duda cristiano. Con todo, no soy creyente ni puedo serlo. ¿Será mi anticristianismo esta imposibilidad convertida en rabia?

Creo que le he dicho que tengo problemas de salud. Los insomnios y otras enfermedades diversas me devoran: me he convertido en un encuentro de achaques. Espero que ustedes estén bien, los dos.

En este momento acaban de anunciarme que el *Mercure*, al que estaba destinado mi artículo, ha dejado de existir. ¡Hay una providencia para el cristianismo!

Saludos cordiales,

E. M. CIORAN

90 — A SERGIU DAN[151]

París,
28 de mayo de 1966

Mi querido amigo:

Gracias por darme noticias suyas. Por mi parte, le envié hace varios meses un libro mío que, tengo motivos para creerlo, no le ha llegado. Detalles sobre mis amigos de allá la verdad

---

[150] «Les Nouveaux Dieux» se publicará en *Mercure de France* en el verano de 1965.
[151] Escritor rumano nacido en 1903, muerto en 1976.

es que no conozco muchos, pero sé *lo esencial* de cada uno. De usted me he enterado —y no solo por su sobrino— de que ha sido castigado por delito de ironía y que su estancia en el Infierno ha durado más de una temporada. No dudo que ese *Diario*[152] resultante sea su reflejo verídico. Que no lo quieran allá no me sorprende en absoluto, pero tampoco me sorprendería que no lo quisieran aquí. Por saturación, por cobardía y por egoísmo, Occidente se abstiene no tanto de publicar como de leer todo lo relacionado con experiencias parecidas a las que usted ha tenido, a menos que procedan de algún escritor ruso (¡y aun así!). Hay una falta total de curiosidad por las penurias sufridas en otros lugares. Es un fenómeno demasiado complejo para que pueda explicárselo por carta. Pasemos a lo que nos atañe ahora. Como le he dicho a su sobrino, es imposible hacer una gestión ante un editor si no se tiene el manuscrito aquí y si no está traducido. Y aunque esté traducido y una editorial parisina lo haya aceptado, sigue pendiente el asunto principal: ¿valdrá la pena asumir tantos riesgos por un éxito incierto? ¿Volver a bajar al Infierno sin el beneficio de la gloria o el escándalo? La prudencia más elemental requiere que llegue usted a algún acuerdo con los dioses y obtenga alguna vaga autorización que le permita exportar sin grandes daños unas mercancías que ya ha pagado [con creces]. Le parecerá absurdo que yo le dé lecciones de prudencia; es porque, verá usted, me vi mezclado —mucho menos de lo que se dijo— en la empresa de uno de mis amigos de allá, semejante a la suya. ¡Ya sabe con qué resultado! Durante años me culpé por no haberlo avisado lo suficiente del peligro que corría. Sus desdichas han envenenado literalmente mi vida, porque el remordimiento es un veneno. ¡Cómo han cambiado los tiempos desde que podíamos decir lo que fuera en el

---

[152] *Dintr-un jurnal de noapte* [«De un diario nocturno»], novela que relata la experiencia del autor en las cárceles comunistas rumanas, se publicará en 1970.

Corso![153] Pero entonces estábamos todos locos, soñábamos con algo *mejor*.

De nuevo le doy las gracias por escribirme y le mando un afectuoso saludo.

E. CIORAN

91 — A ARMEL GUERNE

París,
3 de junio de 1966

Mi querido Guerne:

Hace diez años, quizá más, cuando volvía de un viaje a Sicilia y le decía a usted que ni el paisaje ni la gente me habían gustado, que todo me había parecido tristón, me contestó que era en mí donde había que buscar el motivo de mi decepción. He recordado su observación al leer últimamente en Fontenelle: «El mayor secreto de la felicidad es estar a bien consigo mismo». Puedo decirlo con cierto orgullo: en materia de descontento con uno mismo no me gana nadie. ¿Es un drama espiritual, una tara o las dos cosas a la vez?

La razón por la que me obstino en quedarme en París no puede ser más clara: ¿dónde iba a encontrar otro sitio donde pudiera exasperarme de un modo tan natural? Vivir aquí equivale a un ejercicio constante de masoquismo. Solo, soy capaz de soportarme; todo se echa a perder en cuanto veo gente. Los demás me torturan con su mera presencia. Seguramente necesito a esos verdugos, ya que no hago nada para librarme de ellos, porque si fuera serio, los mataría para poder preservar mi soledad.

Ni siquiera tengo tiempo para terminar esta carta; dentro de un momento llegarán unos alemanes que vienen a verme. La gente de paso son los peores enemigos. Para ayudar a mi familia tengo que recibir a mis compatriotas y perder horas charlan-

---

[153] Café de Bucarest.

do: ¿cómo si no iba a pasarles zapatos, camisas, abrigos, vestidos, etcétera, etcétera?

Me queda el consuelo de saber que alguien es más sabio que yo y ha encontrado, si no la Vida, al menos una fórmula para vivir. Su felicidad es para mí un estimulante.

Un cordial saludo,

E. M. CIORAN

92 — A ARMEL GUERNE

París,
6 de diciembre de 1966

Mi querido Guerne:

No puedo decir que este fin de año haya sido especialmente alegre para mí. He perdido, una tras otra, a mi madre y a mi hermana en el intervalo de un mes: ambas han muerto de hemorragia cerebral. Tanto para la una como para la otra ha sido una liberación, después de las humillaciones sin nombre que han sufrido tras la guerra. Pero he aquí lo terrible: muertas ellas, empieza la verdadera tragedia. Creo haberle dicho que tengo un sobrino que, contra la voluntad de mi hermana, se había casado con una húngara que lo ha gratificado con tres hijos. Hace unos años, esta digna magiar, habiéndose enamorado de otro hombre, se largó y abandonó a su prole, dejándola a cargo de mi madre y mi hermana. ¿Quién va a ocuparse ahora de ellos? Mi sobrino gana algo así como 150 FN, mi cuñado es inválido de guerra. Heme aquí frente a una situación que barruntaba hace tiempo con uno de esos presentimientos fúnebres de los que soy especialista. Tenga en cuenta que desde hace bastante, ayudado por Simone, he socorrido a mi familia. Sin embargo, ahora ya no se trata de socorrer, sino de asumir responsabilidades muy concretas que van contra todo lo que soy y pienso, porque me horroriza que alguien se *apoye* en mí sea como sea. Creo haber resuelto el problema, en lo económico, quiero decir, por un año. Pero no se trata de un año, porque los niños son pequeños, dos chicos y una jovencita de doce años. Pase lo que pase, no los dejaré en la estacada, de eso estoy seguro. Aun así, no puedo evitar disfrutar de la ironía de mi situación: yo, que he rehuido los hijos, que he hecho todo lo posible por no tenerlos, porque me parece inmoral tomarse en serio el papel de progenitor (esa palabra atroz que, por sí sola, justificaría mis pretensiones de catarismo), me veo castigado por el destino, que me brinda tres a la vez. ¿Y si despertara en mí algún vago instinto paternal reprimido por mis sarcasmos de esteta o de cobarde? Perdone que lo distraiga con estas cosas, pero después de este doble luto reciente no puedo librarme de mis preocupaciones prácticas, tanto más agobiantes cuanto que tienen un fondo metafísico. La muerte y los apuros de dinero van a la par en este mundo tan venido a menos.

Saludos cordiales,

E. M. CIORAN

93 — A ARMEL GUERNE

París,
31 de enero de 1967

Mi querido Guerne:

En efecto, estaba convencido de que le habían pedido una traducción y no un Apocalipsis de su autoría. Siento una enorme curiosidad por conocer la reacción de los frailes. Seguramente su texto les ha parecido herético. ¡Como si no lo fuera el *original!* Téngame al corriente del escándalo, si es que lo hay. Me da la impresión de que la Iglesia es cada vez más abierta, tan abierta que ya casi nadie, salvo los creyentes, pueden seguir sorprendiéndola y escandalizándola. Teilhard,[154] si mis informaciones son exactas, es el adalid del clero, al menos del joven, y de los teólogos. Un día yo le dije a Daniélou[155] (convertido por esnobismo al evolucionismo) que si se suprimiera de un plumazo el pecado original, como hace Teilhard, la idea

---

[154] Pierre Teilhard de Chardin (1881-1955), sacerdote jesuita y filósofo francés.
[155] Jean Daniélou (1905-1974), sacerdote y teólogo francés.

de redención ya no tendría sentido: ¿de qué sirve un Salvador si el hombre ya no es un ser descarriado desde siempre? ¿Y qué significa un trabajo de reparación sin un pecado inicial? Y el padre me contesta: «Es usted un pesimista». Confieso que ese reproche me dejó pasmado. Podía haberme dicho: «Es usted demasiado cristiano», lo que habría sido verdad, porque mi descreimiento está más cerca del espíritu del cristianismo que de su supuesta fe. ¡Porque es fe! Hoy en día, los «ateos» son los últimos que tienen esperanza o un secreto metafísico... A propósito de descreídos, ¿sabe que casi todos los días leo alguna anécdota jasídica? No me canso. Será su virtud intrínseca, será el encanto de su traducción, el caso es que estos relatos se han vuelto indispensables para mí. Los he retomado después de una lectura alucinante, me refiero al libro, malo pero aterrador, sobre Treblinka de un tal Steiner.[156] No le aconsejo que lo lea. Aunque en el fondo todos esos horrores los había anunciado san Juan. Nosotros, contemporáneos de Hitler, ¿acaso no estábamos predestinados a comprender a un contemporáneo de Nerón?

Un abrazo a los dos,

E. M. CIORAN

No me sorprende tampoco que tenga los ojos cansados. ¿Qué tratamiento le han prescrito? Hace poco me aseguraron que la miel es muy indicada para esta clase de males. Creo que habría que dejar de leer y escribir durante un tiempo.

94 — A ARMEL GUERNE

París,
21 de febrero de 1968

Mi querido Guerne:
Ayer, por fin, terminé mi trabajo sobre Valéry. ¡Qué alivio! Espero que lo acepten, porque también hay que considerar la

---

156 *Treblinka*, del escritor Jean-François Steiner, publicado en 1966.

posibilidad de un rechazo.[157] Mi texto tiene que servir de prólogo, y un prólogo debe ser en principio elogioso; pues bien, yo
he vapuleado al «poeta». Para mí, en todo caso, es una poesía
inconcebible, laboriosa y mortinata a la vez. La prosa es otra
cosa. Lo malo es leer de corrido las obras de un autor. No tardas
en hartarte y ya solo piensas en *ejecutarlo*. No entiendo a esos
eruditos que, durante años, *viven* con el mismo escritor. Además
hay algo malsano en juzgar una obra, una existencia, en erigirse
en dios y pronunciar un veredicto. La crítica en sí es infame.
Durante dos meses me he cebado en el pobre Valéry, he tratado
de encontrar todos sus puntos débiles, sus engaños, sus fallos, y
lo he logrado, por supuesto. Ahora, la verdad, estoy más asqueado de mí mismo que de él. «Hice todo lo que pude», fue una de
sus últimas frases. Me culpo por no haber sido capaz de superar
mi mal humor. Mi única excusa es haber querido *vengar* a Pascal, de quien Valéry echaba pestes.

Также debo confesar que me parece casi indecente hacer
investigaciones literarias cuando asistimos a la pesadilla vietna-
mita. Ante semejante espectáculo (¡!) puedes ocuparte de asuntos místicos, pero ¡desenterrar las viejas querellas del simbolismo!
La literatura está superada, todo está superado.

Mientras tanto, ¿ha recibido respuesta de Gilbert Sigaux?[158]
Hará algo por usted, estoy seguro. Es un buen tipo. Y además
él tampoco vive en París, lo que sin duda creará entre ustedes
una corriente de simpatía.

Tengo un montón de disgustos por culpa de un periodista
rumano que vino a verme la primavera pasada. El muy miserable escribió una página entera en un periodicucho de allá con
todo lo que había dicho yo sobre Fulano y Mengano, en especial

---

[157] Cioran recibió la invitación de proponer a la fundación estadounidense Bollingen
(Nueva York) un prólogo para uno de los volúmenes de su edición de *Collected
Works* de Paul Valéry. Su texto, «Valéry face à ses idoles», se publicaría finalmen-
te en *La NRF* en diciembre de 1969, y se recogería en 1986 en *Exercices
d'admiration*.
[158] Escritor francés (1918-1982).

sobre Ionesco, quien, completamente borracho, me llamó cuando el periodista estaba en mi casa. La conversación, por teléfono, era sobre el suicidio, y mientras duró, yo traté todo el rato de disuadir a Ionesco de suicidarse... El plumífero balcánico nos oía, embelesado. ¡Menuda ganga!

Espero que los dos estéis en buena forma.

Un cordial saludo,

E. M. CIORAN

95 — A BUCUR ȚINCU

París,
5 de marzo de 1968

Mi querido Bucur:

Me ha alegrado mucho tener noticias tuyas después de tantos años de silencio. A juzgar por tu carta no has cambiado, quiero decir que aún eres joven. Tu nostalgia de París es la misma que hace treinta años. ¡Qué raro me parece! Para ti, la felicidad sería estar aquí; y me digo: yo, que estoy aquí, no me alegro de ello. Lo cierto es que no me veo en otro sitio, que no me concibo en ninguna parte salvo en esta ciudad que ya no puede aportarme nada y me decepciona inagotablemente... Durante todo este tiempo, por supuesto, muchas veces he pensado en ti, en tu vida singular aquí, en el Hôtel de France (demolido, ay), en esta rue Lhomond que ha perdido su encanto porque han construido hospitales y otros horrores. Pero he pensado aún más en nuestra infancia en Rășinari, la única época de mi vida que me parece de una plenitud extraordinaria. Por ridículo que parezca me siento más profundamente apegado a nuestro pueblo que a esta metrópoli donde me encuentro. Mi infancia sigue siendo la culminación de mi vida. Por eso es natural que para mí Rășinari sea el lugar privilegiado del universo. Me gustaría volver a verlo algún día. ¿Cuándo? No tengo ni idea. Por ahora me resulta imposible. De todos modos, si emprendiera esa expedición, no llegaría más allá de Sibiu y sus alrededores...

¿Será el efecto de la edad? Desde hace unos años vivo cada vez más aislado. He dejado de frecuentar los ambientes literarios, casi no tengo amigos, llevo una vida de caracol. Mis libros no me rentan nada; si consigo ir tirando es gracias a algunos artículos que publico en el extranjero. Bien mirado, he vivido de becas (¡como en la época de Dupront!), becas mezquinas, irrisorias, si bien gracias a ellas no me he muerto de hambre. Ahora, con cincuenta y siete años, la época de las becas ha terminado: ¡ya no me atrevo a pedirlas! Además, sería ridículo e imposible. Siendo sincero, no veo cómo podría traerte aquí, al menos por ahora. Pero no desespero de encontrar una fórmula intermedia entre la invitación y la beca. Lo malo es que, como te he dicho, veo a muy poca gente, y para cualquier fórmula de ese tipo se requieren contactos, conversaciones, ocasiones imprevistas y esperar que haya suerte. El error que cometéis allá es pensar que yo pinto algo, que tengo un nombre. La realidad es que salvo mi primer libro, ese miserable *Breviario* del que estoy harto, el resto de mis escasas producciones han pasado sin pena ni gloria. Allá todo se agranda y me atribuyen una posición que no tengo. El papel de «gran escritor» que se me achaca es una pura invención casi delirante que no me canso de desmentir. Por este motivo, y por muchos más, preferiría que no se me tradujera. Los rumanos entienden el francés: pues que me lean en francés si quieren. Pero *en cualquier caso no quiero que se publique una selección en un volumen.* El editor también se opone. El otro día, Baconsky[159] me decía en una carta que no sé qué organismo le había encargado preparar una selección, justamente. Le rogué que se abstuviera. La verdad es que cada dos por tres recibo peticiones en este sentido, y estoy aburrido de contestar que no, pero no tengo más remedio.

Hace ahora treinta años que salí de mi país, ¡treinta años! Es muchísimo, casi una vida. Durante este tiempo he estado desconectado de la actividad intelectual de allá: ni un solo libro, ni

---

[159] Anatol E. Baconsky (1925-1977), poeta rumano.

una sola revista. Todo eso se ha vuelto para mí completamente ajeno. Hoy recibo algunos semanarios: nombres desconocidos por doquier, solo algunos supervivientes sobre los que prefiero no pronunciarme. Lo cierto es que soy un apátrida y que, por una vez, asumo completamente mi estatus legal. Lo que no excluye, por supuesto, la vinculación con el *neam*,[160] pero es una vinculación meramente sentimental, profunda y vaga a la vez. En realidad, carezco de patria, y estos años de ausencia no los puedo borrar con un esfuerzo de voluntad.

Escribo todo esto para que conozcas mi postura frente a las cosas en general. Ni que decir tiene que mis sentimientos individuales no se ven afectados por este «destierro» inevitable, fatal. ¿Cómo iba a olvidar nuestro pasado común y nuestras conversaciones interminables? Tú tenías una imaginación extraordinaria y una originalidad en el pensamiento y los gestos que han dejado marca en mi vida.

Para ti, así como para Petru y Ştefan, un fuerte abrazo,

LUŢ

96 — A JACKSON MATHEWS[161]

París, 20 de marzo de 1968

Querido Jackson:

Por su silencio tan prolongado deduzco que mi prólogo no ha sido de su agrado. Su deber habría sido pedirme que lo retocara (y yo habría estado de acuerdo en cuanto a los detalles, aunque no en cuanto al fondo). Puesto que ha decidido tratarme como se trata a un estudiantillo o a un principiante y osa afirmar que mi texto no está suficientemente relacionado con el volumen en cuestión, me veo obligado a justificarme ante la

---

[160] En rumano, «pueblo», «familia» (en sentido amplio), «linaje».
[161] Jackson Mathews, poeta y traductor estadounidense (1907-1978). Vicepresidente de la Fundación Bollingen, editó las *Collected Works* de Valéry. Véase más arriba la carta 94 y la nota 157, p. 155.

fundación.[162] Lo hago a mi pesar, pero su proceder me obliga a ello.

Saludos amistosos a los dos,

E. M. CIORAN

97 — A JOHN D. BARRETT[163]

París,
20 de marzo de 1968

Querido señor Barrett:

Me creo en el deber de darle algunas explicaciones sobre mi prólogo. Cuando Jackson [Mathews] me dijo en París que quería algo personal que provocara reacciones, le contesté que era así como yo lo entendía y que mi prólogo sería cualquier cosa menos *neutro*. No lo es, incluso a veces es duro, hasta malintencionado, y le explico por qué: antaño leí mucho a Valéry, y con una admiración ferviente; esta admiración poco a poco se fue apagando durante mis relecturas de los últimos meses. No le ocultaré que he hallado en él un montón de pretensiones, un conocimiento dudoso, incompetencia y pose: un *charlatán* talentoso y nada más, eso me ha parecido. Pensaba que no había que decirlo y que, por amistad hacia Jackson, debería dejar a salvo a su ídolo; en una palabra: mentir. Sin embargo, luego me dejé llevar y al final la verdad ganó la partida a la amistad. Debo añadir también que *normalmente* habría escrito un texto mucho menos severo; pero quiso la desgracia que releyese a Valéry después de haber sufrido durante algún tiempo una bendita intoxicación de filosofía hindú.

Por mi parte sería poco elegante mencionar los motivos por los que Jackson ha rechazado mi prólogo. De todos modos, le correspondía a él exigir que suavizara algunas cosas, que rectificara otras; yo habría consentido, pero por nada del mundo

---

[162] Véase la carta siguiente.
[163] John D. Barrett (1903-1981), a la sazón presidente de la Fundación Bollingen.

habría alterado el fondo. O también habría habido otra solución: pedir un «contraprólogo», para suscitar una discusión y despertar el interés...

Pero no quiero perderme en más recriminaciones. Es natural que me sacrifiquen, ya que he osado denunciar a un falso dios.

Reciba, señor Barrett, el testimonio de mi sincero afecto,

E. M. CIORAN

98 — A ARMEL GUERNE

París,
13 de junio de 1968

Mi querido Guerne:

Aunque esté lejos de los acontecimientos, veo que ha entendido perfectamente su significado. En realidad, estaba mejor situado para juzgarlos en conjunto que yo, que solo los veía en detalle y demasiado de cerca.[164] He asistido a una decena de funciones en el circo de enfrente, el Odéon. Al principio me dejé seducir por la trapatiesta metafísica, por un cuestionamiento radical de todo que a veces rozaba el delirio; no tardó en llegar la fatiga: no conozco nada más cansino que la retórica mema de los utopistas, jóvenes o viejos. Que la esencia del hombre sea la palabra es más o menos cierto; ponga en lugar del hombre al francés y la definición es absolutamente exacta. No es al placer, es a la voluptuosidad, al orgasmo de hablar a lo que llevo tres semanas asistiendo. No es casualidad que la Trapa haya nacido en medio de este pueblo: ¿dónde si no habrían inventado con más acierto el tormento del silencio? Dicho esto, el drama de estos estudiantes es infinito: ni el propio Dios podría hallar la solución a los problemas que plantea, solo en París, la existencia de cuarenta mil «literatos» cuyo futuro está ocluido

---

[164]   Cioran vive desde hace ocho años en el número 21 de la rue de l'Odéon, a dos pasos del teatro del mismo nombre.

sin remedio. Miles y miles de ellos «estudian» psicología, una ciencia *sin objeto* que además tiene el gran inconveniente de volver arrogante a quien haya cubierto con una vaga capa de su barniz. ¿Ha leído en los periódicos esta cosa tan asombrosa? Francia, en tiempo de Napoleón, tenía unos veinticinco millones de habitantes, la mitad de los de hoy; a la sazón solo había tres mil estudiantes, mientras que ahora hay 530.000. ¡Los días del Apocalipsis son eso! Estas cifras, cuando pienso en ellas, me dan vértigo. Como me decía una buena mujer a quien, en la calle, le proporcioné estos datos, «El problema es *insoluble*». ¡Cuando pienso que De Gaulle quiere una Francia de cien millones! ¡Si con cincuenta ya está en plena pesadilla!

Aparte de eso, las cosas no andan demasiado mal para nosotros, a excepción de algunas noches especialmente animadas.

Un saludo afectuoso para los dos,

E. M. Cioran

99 — A Arşavir Acterian

París,
8 de septiembre de 1968

Mi querido Arşavir:

Me perdonarás, espero, esta respuesta tardía, pero es que fui a engrosar el ejército de los «veraneantes», el único que Occidente puede enfrentar al otro, que no hace falta nombrar. Desde hace mucho, esta parte del mundo está de vacaciones y me asombra sobremanera que todavía se pueda contar con ella. En el espacio *mioritic* hay más ingenuos que *şmecheri*.[165] ¡Así que tienes sesenta años! Yo también casi los tengo. Somos unos carcamales. Aunque te cueste creerlo, la idea de volver a ver a mis viejos amigos me provoca una depresión insoportable. Evito a todos los que conocí en mi juventud, en ese lejano pasado de

---

[165] *Miorotic*: adjetivo derivado de Mioriţa, la cordera epónima de la balada folclórica (véase más arriba, p. 109, n. 72); *şmecheri*: «astutos», «tunantes», «espabilados».

hace treinta o cuarenta años. Nunca imaginé que un día estaría expuesto al «complejo» del envejecimiento, a las ansias de *El tiempo recobrado*. Después de darme una vuelta por allá ya solo me quedaría elegir entre el nirvana y el electrochoque. Aparte de este miedo a los aparecidos, en el que puede haber algo de coquetería, hay un fenómeno más general que no deja de intrigarme: aquí todos estamos más afectados moralmente que vosotros, más ajados, más «inutilizables», más acabados. Hasta tu carta desprende una serenidad de la que yo no sería capaz. En el fondo todos cumplimos un castigo porque no hemos pasado por lo que vosotros habéis pasado (y que, desgraciadamente, podría repetirse). La esperanza, diga lo que diga Dante, solo se mantiene en el infierno; todos los paraísos (si puedo emplear este plural) están desmoralizados, porque en ellos ya no se espera nada. Tal es, más o menos, el drama de este mundo.

Todos estos años he pensado mucho en Haig y en Jenny [Acterian]. ¡Qué seres tan admirables! ¡Qué encanto y qué luz! Confieso que no sé qué pensar de su aterradora ausencia.

Estos últimos días he visto a Mircea [Eliade] y hemos hablado de ti. Sigue siendo muy joven, es decir, más joven que todos nosotros.

Estoy totalmente de acuerdo con lo que me dices de P [¿Petre Ţuţea?]. Siempre pensé que se ha equivocado de época, que debería haber vivido en Atenas o en el París del siglo xviii.

Siento que ya no tengas ningún «documento» de nuestra amistad. Mi memoria es extraña. En este momento recuerdo una postal que me mandaste desde Sibiu cuya primera frase contenía la palabra *arheologie*.[166] ¿Por qué? No lo sé, pero este detalle me divierte y demuestra que aún no chocheo.

Escríbeme de vez en cuando, pero nunca por carta certificada, porque solo da complicaciones. Hasta el *Magazinul istoric* han dejado de mandármelo certificado. ¡El cartero ya no quiere llamar a mi puerta!

---

[166]   En rumano, «arqueología».

Espero que tus achaques no sean tan graves como das a entender. Quiero pensar que en tus aprensiones hay una parte de literatura. Un abrazo,

100 — A Armel Guerne

París,
5 de diciembre de 1968

Mi querido Guerne:

Gracias por ese estupendo *Nerval* y por ese prólogo violento,[167] tan distinto de los que publica el Club. Comprendo que esos señores dudaran en hacerlo público, pero que al final se hayan decidido es un tanto a su favor.

En su carta dice una cosa que me ha llamado mucho la atención, a propósito de *Heinrich von Ofterdingen*:[168] «La novela es un fracaso; el libro es ilegible; y es una obra maestra». Confieso que no he sido capaz de leerlo hasta el final. Es demasiado vago, demasiado vaporoso, demasiado escurridizo. Por otro lado, en mi relación con el idioma alemán ocurre algo completamente nuevo y que no deja de sorprenderme: ya casi no lo manejo, en él busco en vano el prestigio que me había seducido durante tanto tiempo. Es más, todo lo alemán me parece prolijo, falsamente profundo, bueno solo para adolescentes y profesores. Pasé treinta años de mi vida sintiendo una fascinación que no resiste el análisis, que me parece injustificable. Es como si me despertara de un sueño ininterrumpido. Esas palabras filosóficas (con las que hoy los franceses, heideggerizados, se llenan la boca a todas horas) me parecen hueras, pretenciosas, tramposas. La observación tan atinada y citada de Rivarol sobre la «probidad» vinculada al genio francés[169]

---

[167] *Œuvres* de Gérard de Nerval, seleccionadas, traducidas y prologadas por Armel Guerne (París, Club français du livre, 1968).
[168] Novela inacabada de Novalis (1772-1801).
[169] «... de todas las lenguas es la única que tiene una probidad vinculada a su genio. Segura, social, razonable, ya no es la lengua francesa, es la lengua humana» (Rivarol, *Discurso sobre la universalidad de la lengua francesa*, 1783).

ha sido para mí como una revelación. Y eso que si hay un ser en el mundo que, por temperamento, se rebela contra esta lengua, y en especial contra su genio, soy yo. No me siento francés en absoluto. Lo que no obsta para que, al desgermanizarme, descubra cuánto puede aportarme esta lengua rigurosa y desecada. Conforme envejezco me latinizo. De todos modos, ahora entiendo mejor su furor antialemán e incluso ese increíble ataque que publicó usted en una revista clerical[170] y que en aquella ocasión casi me escandalizó.

Un cordial saludo,

E. M. CIORAN

101 — A PETRU MANOLIU[171]

París,
15 de marzo de 1969

Mi querido Manoliu:

Soy culpable, es verdad, por llevar tanto tiempo sin escribirte. No puedo invocar la excusa del trabajo, porque no hago nada o casi nada. Desde que he dejado de creer en los libros (en los que uno escribe, no en los que lee, porque sigo siendo un lector impenitente), mis horas ya no tienen un propósito concreto, dejo que pasen sin provecho. Lo malo es que lo lamento y me entrego al remordimiento, mi única ocupación por ahora... Me siento en total contradicción con este país y, bien mirado, con cualquier país. Para abstraerme de la actualidad he dejado de leer los periódicos. No sabía que Jaspers había muerto,[172] fuiste tú quien me lo dijo. Recuerdo muy bien ese encuentro en una librería donde te hablé de él. Era una época feliz en la que me mantenía al corriente y leía a los filósofos. Ya no los leo; en

---

[170] «Hölderlin ou le mystique malgré lui», artículo de Armel Guerne publicado en 1955 en *La Vie spirituelle*.
[171] Escritor y traductor rumano nacido en 1903, muerto en 1976.
[172] El filósofo alemán Karl Jaspers murió el 26 de febrero de 1969, a los ochenta y seis años.

cambio, devoro, como los viejos, sobre todo biografías y memorias. Hace años llegué a hacer una antología (que permanecerá inédita, espero —era para una fundación extranjera—) de semblanzas, de Saint-Simon a Tocqueville.[173] Para ello consulté no menos de cien volúmenes. En esta clase de libros es donde vemos lo ilusorio, irreal y en el mejor de los casos espectral que es cada ser. Pero confieso que me gusta seguir los acontecimientos y accidentes que justifican, acerca de cada destino, una conclusión tan escéptica, tan evidente.

He reunido varios ensayos publicados en los últimos tiempos y te los enviaré en abril. Es un librito que se llama *Le Mauvais Démiurge*. Pero como te he dicho, trato de sofocar el autor que hay en mí.

Imagino las dificultades con las que tropezarás para traducir *Joseph*.[174] Tu tesón me asombra y me supera. Me preguntas si tengo buena salud. Voy tirando, pero ¡a qué precio! Hace cinco años que renuncié totalmente al café y al tabaco. No he tenido más remedio. Seguir con ellos habría sido un calvario tan grande como dejarlos. Desde que no recurro a esos venenos providenciales ya no tengo *spor*.[175] Saludos cordiales a los dos,

E. CIORAN

102 — A ARŞAVIR ACTERIAN

París,
11 de junio de 1969

Mi querido Arşavir:

Gracias por tu carta amable y, supongo, sincera. Mi libro no ha tenido ningún «éxito» (¡qué palabra tan estúpida!). Créeme, no albergo ningún resentimiento. De todos modos hace mucho

---

[173] *Anthologie du portrait. De Saint-Simon à Tocqueville* (París, Gallimard, colección Arcades, 1996).
[174] *José y sus hermanos* (1933-1943), de Thomas Mann.
[175] En rumano, «empuje», «energía», «buen rendimiento».

que rompí con el mundillo literario de aquí y con solo ver a un «escritor» me entran ganas de vomitar. Dicho esto, los pelmazos y también algunos amigos devoran mi tiempo. Para mi desgracia, a todo el mundo le ha dado por venir a París. Desde hace semanas no tengo una noche libre. Me acuesto tarde, cansado, agotado, y al día siguiente me levanto asqueado de mí mismo, de los demás, de todas esas charlas, a veces interesantes, lo reconozco, por lo general insulsas, idiotas, ridículas. También desde hace semanas no he escrito ni una sola línea. Por suerte, como buen valaco, me digo que todo eso carece por completo de importancia. De algo me habrán servido mis orígenes. En contacto con ellos, mi escepticismo se renueva y se fortalece.

Me gustaron los poemas de Emil Botta,[176] en especial *Un vis*.[177] ¿Tienes su *În luna lui Mai*,[178] publicado en *România literară*? Soy muy sensible a su notable angustia, a su candidez lúgubre. Nuestra generación habrá conocido todas las formas de derrota; ¿cómo no estar orgulloso de ello? Además, dicho sea entre nosotros, sin el orgullo del fracaso la vida apenas sería tolerable.

Cu vechea dragoste, al tău,[179]

E. Cioran

103 — A Armel Guerne

[Saint-Julien-de-Concelles],
22 de julio de 1969

Mi querido Guerne:

Desde hace unos días estoy cerca de Nantes, en la finca de un amigo, donde me dedico a cuidar la huerta y reparar una vieja tapia. Yo, que siempre he detestado el cemento, pues resulta que me gusta cuando lo manejo, ya ve. Nada me llena tanto

---

[176] Emil Botta (1911-1977), poeta y actor rumano.
[177] En rumano, «Un sueño».
[178] «En el mes de mayo».
[179] «Con mi fiel amistad, tuyo».

como esta clase de trabajos para los que —no se ría— estoy hecho. He observado que cuando hago un esfuerzo físico nunca me siento deprimido. Hasta en trabajos forzados sería más feliz, creo yo, que delante de una hoja en blanco. Esta huerta donde me atareo está aislada, a dos kilómetros del pueblo más cercano. Debido a esta alta tapia no se ve nada del mundo exterior, salvo el cielo. Si viviera aquí, al cabo de un año lograría sacudirme todas mis taras, intelectuales y de otro tipo. ¡Y pensar que me paso la vida en una ciudad casi sin espacios verdes! Cuanto más pienso en la elección que ha hecho usted, más me parece la mejor posible. Sin duda será consciente de lo afortunado que es, pero a mi juicio no lo suficiente. Todos los días debería bendecir la hora en que decidió romper con París.

Lo único que echo de menos aquí son los animales. Pasé mi infancia en su compañía. El hombre no debería haberse separado de ellos. Envidio al pastor, no al esclavo encerrado en una cápsula. No puedo estar más de acuerdo con usted cuando se pregunta «si los animales no han guardado en su instinto una herencia espiritual más elevada que la nuestra». No cabe duda de que el hombre se ha extraviado y es demasiado tarde para que encuentre el verdadero camino. Los animales se han resignado a lo que son. ¡Habría que imitarlos!

Renuncie a pelearse con los editores. Aunque si de todos modos ha pasado al ataque, me gustaría tener copia de la carta a Plon. Me siento incapaz de medirme con esa gente: soy demasiado cobarde para eso. Pero quien tenga la fuerza de insultarlos es mi benefactor.

Un cordial saludo a usted y a la señora Guillemin,

E. M. CIORAN

Dentro de unos días Simone vendrá a buscarme para ir juntos a Dieppe.

104 — A Petru Manoliu

París,
6 de noviembre de 1969

Mi querido Manoliu:

Sabes mejor que nadie que sobre cosas muy importantes es mejor no pronunciarse. Me abstendré de cualquier comentario sobre el drama por el que habéis pasado tu mujer y tú. No obstante, lo que me parece evidente es que, de los dos, tú eres el que más padece, porque la tuya es una doble tragedia que suma el remordimiento a la entereza por una necesidad exasperada de autocastigo y de desgarro. No me extraña que sufras e incluso que no puedas evitarlo, pero lo que no puedo aceptar es que te atormentes por los «fracasos» de tu carrera literaria. «Voi fi, cât voi mai fi, un harnic traducător; apoi, nici măcar atât!»,[180] dices. Me dolió leer esta confesión, tan tremendamente injusta. Para empezar, en la vida has hecho otras cosas, no solo traducciones, y además me parece absurdo que puedas envenenar tus días en nombre del rendimiento y la eficacia. Un ser vale por sí mismo, por lo que *es*, no por lo que hace. Por mucho que traduzcas de la mañana a la noche, no eres un mero traductor, eres un mundo aparte, lo mismo que un escritor «realizado» (¡qué palabra tan grotesca!). La *obra* es siempre un accidente, casi un azar; se es alguien con o sin ella. Es muy cierto que las *vremurile*[181] te han sido desfavorables, pero por otro lado te han permitido comprender cosas que, sin ellas, no habrías adivinado. Entre una carrera literaria lograda y la experiencia del infierno, si hubiera que elegir, estoy seguro de que elegirías la segunda; el «destino» ha elegido por ti. ¿Por qué acusarlo si tú habrías hecho lo mismo? Lo que cuenta es lo que se ha entendido, no lo que se ha hecho. Es evidente que en condiciones normales tu vida habría sido distinta y que el admirable *Rabbi Reful*[182] habría tenido

---

[180] «Durante el tiempo que me queda seré un traductor aplicado; ¡luego ni siquiera eso!».

[181] «Los tiempos» (femenino plural en rumano).

[182] *Rabbi Haies Reful,* novela histórica de Petru Manoliu publicada en 1935.

una continuación. Pero ¿qué adelantas con agobiarte? *N-a fost să fie.*[183] Es lo más profundo y lo más verdadero que ha concebido nuestra sabiduría «nacional». Se le podría añadir que nadie está nunca «realizado» (por retomar la horrible palabra) e incluso que nadie puede realizarse cabalmente en este mundo ni, probablemente, en otro. Aun así, hemos nacido para torturarnos e infligirnos a nosotros mismos ese lujo ruinoso que es el remordimiento. Conozco bien esa tara, tan bien que no puedo prescindir de ella, de experimentarla. De modo que estoy muy mal situado para darte lecciones de serenidad. Lo que no obsta para que discrepe del análisis-recriminación que haces de tu caso. En cambio suscribo de pe a pa lo que dices del *Baudelaire* de Sartre. Es una infamia. Nunca pude leer ese libro: tres veces lo intenté y tres veces lo arrojé, indignado y asqueado. Que ningún poeta haya abofeteado a ese sujeto para vengar a Baudelaire es una de las vergüenzas de nuestro tiempo. Pero ¿qué cabe esperar de una época en que el psicoanálisis tiene rango de religión?

Saludos cordiales a los dos,

E. Cioran

105 — A Constantin Amariu[184]

París,
17 de noviembre de 1969

Mi querido Amariu:

Creo, como usted, que hay un fondo indiscutiblemente rumano (occidental, desde luego, no) en mi forma de ver las cosas. En una postal de julio de 1944 a Vulcănescu[185] (¿la recibiría?) le decía que en su estudio sobre la psicología de nuestro *neam*,[186] en el que citaba muchos giros significativos, había olvidado el

---

[183] Véase más arriba, p. 111, n. 77.
[184] Escritor rumano nacido en 1923, muerto en 2007.
[185] Véase más arriba la carta a Mircea Vulcănescu del 3 de mayo de 1944, p. 110.
[186] Véase más arriba, p. 158, n. 160.

más importante, el más revelador: *N-a fost să fie.*[187] Todo lo que he sentido y pensado hasta ahora me parece una variación sobre este «motivo». Exagero un poco, sin duda. Pero ya ve que estaba bien preparado para aceptar y entender las consideraciones que usted hace. Porque, en el fondo, nunca me he desprendido del *dor* ni del *urât*.[188]

Un cordial saludo,

E. M. CIORAN

106 — A CONSTANTIN NOICA

París,
5 de marzo de 1970

Mi querido Dinu:

Por supuesto, comparto tu admiración por un genio que ha surgido entre nosotros, algo de lo que no dejo de sorprenderme. Yo expondría mi opinión sobre él de una forma algo más contundente que tú: sin Eminescu,[189] nuestro *neam*[190] sería insignificante y casi despreciable... Si mi entusiasmo por nuestro idioma no hace más que aumentar, al extremo de que me atrevo a considerarlo uno de los más expresivos que han existido nunca, sobre nuestro *seminţie*,[191] en cambio, no tengo más remedio que bajar el tono e incluso volver a mi escepticismo inicial. Pase lo que pase, no nos libraremos de un destino menor, tal es mi convicción profunda; antes esta idea me hacía sufrir, hoy apenas se distingue de un pesar más o menos frío. No emitiría este juicio «definitivo» si no fuese el fruto, al menos en parte, de una práctica bastante larga de autoconocimiento.

Dicho esto, y por duro que pueda mostrarme conmigo mismo o con nuestra generación, no creo que, por el contrario, haya

---

[187] Véase más arriba, p. 111, n. 77.
[188] El *dor* rumano es una forma específica de deseo doloroso, de tristeza y nostalgia, que a menudo se ha comparado con la *saudade* portuguesa o con el *spleen* inglés. El *urât* es una forma de hastío mezclado con aversión, o de morriña.
[189] Mihai Eminescu (1850-1889), poeta romántico.
[190] Véase más arriba, p. 158, n. 160.
[191] «Pueblo», «linaje», «descendencia».

que sobrevalorar a los jóvenes, a esos de los que no hace mucho decías que solo ellos merecían a Eminescu. Algo (la verdad es que no sé qué) me asegura que eres víctima de un entusiasmo demasiado generoso. Después de todo, pienso en la *tânăra generație*[192] de antes de la guerra: hemos sido capaces de un gran, indiscutible y sonoro fracaso. Los recién llegados deberían ir tan lejos en sus aciertos como nosotros en la derrota. Solo entonces podría decirse que son dignos de Eminescu.

No sabía que *Nirwana* (escrito a la alemana) figuraba como posible título encima de *Rugăciunea unui Dac*.[193] No puedo dejar de pensar que esta nada que no lo es (porque el nirvana implica vacío y éxtasis al mismo tiempo) es una de mis obsesiones más persistentes, y que cuando se publicó mi primer libro en francés (ese pobre *Breviario de podredumbre*), un compatriota (Stamatu,[194] sin ir más lejos) me hizo esta observación: «Todo esto ha salido de *Rugăciunea unui Dac*». No andaba errado, porque este poema sin duda había marcado mi adolescencia.

Ya ves lo que tu artículo ha *răscolit*[195] en mí.

Un cordial saludo,

E. C.

107 — A Armel Guerne

París,

16 de abril de 1970

Mi querido Guerne:

Pasé este largo invierno sin gripe, sin el menor catarro, sin verdaderos problemas de salud. Pero esta primavera, como todas para mí, se presenta bastante mal. Creo que no tengo asma. Sin embargo, desde hace unos días respiro con dificultad y de la mañana a la noche voy tirando con una especie de semiasfixia.

---

[192] La «generación joven».
[193] «La oración de un dacio», poema de Mihai Eminescu publicado en 1879.
[194] El poeta Horia Stamatu (1912-1989).
[195] «Removido».

Ya tuve esta clase de achaque hace unos diez años, justamente en abril, aunque esta vez es más serio, porque ya empiezo a tener la tensión alta, como los viejos. El otro día me pasó algo revelador. Por la mañana me había subido a un tren hacia el este; después de bajar en La Ferté-sous-Jouarre, dos horas más tarde llegué al canal del Ourcq, meta de mi excursión. Llevaba cierto tiempo caminando a buen paso cuando sentí un desfallecimiento repentino. Estaba a unos cuatro kilómetros de la estación más cercana y me resultaba totalmente imposible seguir. Fue entonces cuando me vino a la mente la tragedia de Maurice Sachs. Recién terminada la guerra formaba parte de una comitiva de deportados, evacuados de la cárcel de Hamburgo. No muy lejos del lugar de destino dijo que no podía seguir y se desplomó, exhausto. Un SS lo ejecutó sin contemplaciones. Siempre me he preguntado: ¿cómo es que, sabiendo que lo iban a liberar, no hizo un esfuerzo sobrehumano para mantenerse en pie? Pues bien, en mi estado comprendí que no había nada que hacer, que, lo mismo que el autor de *El sabbat*,[196] yo también me desplomaría. Y de hecho me dejé caer como un cadáver a la orilla de ese canal por donde no pasaba nadie. Nunca he tenido una sensación de fatiga tan completa. Al cabo de una hora conseguí reponerme, pero perdí la confianza en mi «vitalidad». Mis ahogos actuales los hago remontar a ese desmayo. ¡Qué humillación para un fanático de la marcha!

Sale bien caro querer vivir muchos años, querer vivir, simplemente. Me da por pensar que el único error verdadero es el de nacer y que todo lo demás es accesorio. Este horror al nacimiento que siento desde hace algún tiempo (en verdad, desde siempre...) no tiene nada que ver con el odio a la vida, ni siquiera con alguna experiencia desdichada. Es algo asombrosamente simple, en definitiva, una observación elemental. He tratado de traducir todo esto en términos concretos. El resultado han sido

---

[196] *Le Sabbat. Souvenirs d'une jeunesse orageuse*, relato autobiográfico de Maurice Sachs publicado en 1946, un año después de su muerte.

varias páginas de una insoportable indigencia que de todos modos pienso publicar para librarme de una obsesión.[197] Me ha impresionado mucho lo que me escribe sobre Novalis. Si no he entendido mal, de todos los que ha traducido es el único que no le ha decepcionado.

Creo que se me ha pasado decirle que el gran acontecimiento de este miserable invierno ha sido para mí la exposición Klee. Recuerdo lo bien que me habló usted de su *Confidence créatrice*, que aún no he leído.

Un fuerte abrazo a los dos,

E. M. Cioran

108 — A María Zambrano

París,
25 de abril de 1970

Querida amiga:

Me ha alegrado mucho recibir su carta, su Antígona y su Job.[198] Para Antígona he tenido que comprar una lupa, porque mis ojos no descifran demasiado bien esa letra tan pequeña. A lo que debo añadir que usa usted un lenguaje muy noble y mi español es insuficiente, por no decir lamentable.

No se imagina lo cercanos que me resultan esos temas. He comprendido su Job desde dentro, al igual que usted ha comprendido al propio Job. La comparación con Adán, la referencia perpetua al paraíso, la obsesión por la historia, todo eso en usted parte de una experiencia vivida que confiere una dimensión dramática a su meditación. También entiendo perfectamente que le tentara la idea de escribir una obra teatral, en suma, de superar la filosofía: en el pensamiento materializado, directo, somos más nosotros mismos que en el ensayo o el sistema. El

---

[197] «Hantise de la naissance» se publicará en *La NRF* en enero de 1971, recogido después en *De l'inconvenient d'être né* [*Del inconveniente de haber nacido*] (París, Gallimard, colección Les Essais, 1973).

[198] *La tumba de Antígona* (1967) y probablemente *El hombre y lo divino* (1955).

acento del «Sueño de la hermana»,[199] ¿cómo se expresaría con conceptos? En filosofía ya no hay maldición, ya no hay *sangre*.[200] Usted señala con acierto que Job no es filósofo. De haberlo sido, Dios no le habría contestado nunca (y tampoco lo habría castigado).

¿Qué puedo decirle de mí? Como siempre, no me encuentro muy bien. Mi salud es bastante delicada. La máquina se estropea con los años. Y luego está esta vida insensata en París, esta sensación de encierro en el centro del mundo, de aire irrespirable, en sentido propio y figurado. Algo que me gusta especialmente de usted es que ha pensado y meditado mucho sobre la idea de *porvenir*, la única cosa que no tendrá el hombre.

Reciba, querida María Zambrano, el testimonio de mi amistad y admiración.

E. M. CIORAN

109 — A ARMEL GUERNE

París,
3 de julio de 1970

Mi querido Guerne:

Esas mil sesenta y cinco páginas no se me van de la cabeza. ¡Qué paciencia! ¿Cómo ha podido usted, durante tantos meses, abusar de su atención sin agotarla? Sé que se trata de Novalis, pero aunque se tratara de Dios, es difícil, es imposible resistir al demonio de la dispersión, demonio del que soy víctima desde hace muchos años, desde siempre. Siendo sincero le diré que todo me aburre, y el único placer que siento es el de renunciar a un trabajo que quiero o debo hacer. Seguramente la herencia tiene mucho que ver en esto. Cuanto más avanzo, más noto que las taras de mis antepasados se hacen evidentes y vuelven a cobrar vida en mí. ¡Y qué antepasados! Subhumanos que no

---

[199] Capítulo de *La tumba de Antígona*.
[200] En español en el original.

hicieron nada de provecho, que llevaron una existencia oculta y ni siquiera tuvieron el privilegio de ser esclavos. Me doy cuenta, por ciertos indicios, de que desciendo de esas hordas que se replegaron en los Cárpatos y allí, durante siglos, sus vidas fueron viles y sombrías. He acabado teniendo ojeriza a todo lo que me los recuerda y basta con que me encuentre con un «compatriota», aunque sea pasable, para que me lleven los demonios. ¡Si pudiéramos cambiar nuestros orígenes! No se me escapa que hay algo descabellado o estúpido en tomarla con un pasado tan lejano e improbable, pero estoy hecho así: me vale cualquier humillación siempre que sea total y sin remedio.

Un abrazo a los dos,

E. M. Cioran

110 — A Constantin Amariu

París,
1 de diciembre de 1970

Mi querido Amariu:

Me alegro de que haya entendido tan bien la verdadera razón de mi alejamiento de Valéry. A través de él he querido señalar a tantos de esos occidentales que solo viven en la palabra, sin ningún trasfondo. Son espectros refinados, carentes de realidad, de condición metafísica, porque están gastados en todos los sentidos de la palabra. Mírelos: son incapaces de hablar de otra cosa que no sea el lenguaje. Ante esos gramáticos pretenciosos y anémicos, nosotros somos como *ciobani*,[201] aunque en ciertos aspectos hemos ido más lejos que ellos en la acrobacia o la podredumbre...

Un cordial saludo,

E. M. Cioran

---

[201] En rumano, «pastores».

111 — A Arşavir Acterian

París,
27 de marzo de 1971

Mi querido Arşavir:

Tu carta, de una desesperación tan total, traduce tan bien el estado en que acostumbro a vivir que habría podido escribirla yo mismo. Creo, francamente, que el suicidio es la única solución. Y si no me mato es porque, una vez en posesión de esa certeza, el hecho de seguir «perseverando en el ser»[202] (¡!) cobra una dimensión nueva, inesperada: la de una paradoja constante, la de una provocación, si quieres. Lo mismo que a ti, me sorprende haber vivido tanto tiempo y, también como tú, no sé qué contestar a las personas que me preguntan qué hago. Porque no hago nada, es la estricta verdad. No hago nada, y no puedo hacer nada. Con mucho esfuerzo he conseguido escribir algunos libritos. ¿Para qué escribir otros? ¿De qué sirve el haberlos escrito? He perdido la afición por muchísimas cosas, pero aún no he perdido la afición por la lectura. Es una debilidad mía, porque trasluce un resto de candidez, por no decir infantilismo. Sigo... cultivándome, aunque me mantengo al margen, fuera de la «literatura» y de casi todo. Si hubiera nacido en otra época, me habría ido al desierto o a un convento. Hoy tengo que conformarme con mi propio vacío. Con la edad se alcanza una modestia espantosa y uno se pregunta cómo pudo ser, en su juventud, tan orgulloso y loco. Ánimo, de todos modos.

Tuyo,

E. C.

Acabo de encontrar en un periódico rumano una foto de Emil Botta. ¡Cómo ha envejecido! La última vez que lo vi tenía pinta de adolescente. Mientras no veía a mis viejos amigos creía que aún era joven. Pero cuando me tropiezo con

---

[202] La expresión pertenece a Spinoza (*Ética*, III, proposiciones 6 y 7).

tal o cual aparecido, empiezo a hacerme una idea cabal de mi vejez.

112 — A Constantin Amariu

París,
18 de mayo de 1971

Mi querido Amariu:

A propósito del *dor* y del *urât*,[203] que usted vuelve a mencionar en su último artículo, me pregunto si la experiencia fundamental del pueblo rumano no será más bien la de la *silă*: *mi-e silă de* o *mă apucă o silă*.[204] Hay un malestar muy nuestro que no tiene nada que ver con el «malestar en la civilización» del que habla Freud, porque para nosotros es un malestar más hondo, un malestar en el mundo, que la palabra *silă* traduce bien. Incluso tiene la ventaja sobre *urât* y *dor* de carecer de cualquier implicación poética, de estar al alcance de todo el mundo, hasta de un *mitocan*.[205] Pero reconozco que las cosas se pueden ver de otro modo. Dado que *dor* y *urât* son estados privilegiados, ¿por qué no admitir entonces que *silă* representa la hez de ambos, un poso, un desecho notable, lo que queda en nosotros cuando hemos agotado nuestras reservas líricas? Esta *silă* sería el peligro que nos acecha a todos, la decadencia del ser expulsado de la poesía. Si esta interpretación es justa, solo nos correspondería una originalidad: la del fracaso. Y no me negará que en eso (como destino colectivo) somos excelentes.

Un cordial saludo,

E. M. Cioran

---

203   Véase más arriba, p. 170, n. 188.
204   *Silă*: «asco», «hastío», «grima», «repulsión». *Mi-e silă de*: «Me da asco»; *mă apucă o silă*: «Estoy harto».
205   «Patán».

113 — A Constantin Amariu

París,
12 de junio de 1971

Mi querido Amariu:

Estoy bastante de acuerdo con sus consideraciones sobre *mi-e silă*, pero no iría tan lejos como usted, no diría que es un estado que no lleva a nada, ni siquiera a la nada. Creo que conduce a ella, aunque la nada en cuestión solo sea una nada... vulgar, un nihilismo de *mahala*.[206] Más que en otra parte, para comprender el *Lebensgefühl*[207] rumano hay que recurrir a conceptos metafísicos degradados. Lo que entiendo por «nada vulgar» es muy sencillo: ¿ha reparado usted en el uso extraordinario que hacemos del diminutivo? Este fenómeno es menos frecuente en Transilvania que en Vechiei Regat[208] (¡!). Un día (hace treinta años), en un momento de exasperación, le dije a un amigo de Oltenia: «Habéis logrado la hazaña de empequeñecerlo todo, salvo la muerte. Al menos para ella no habéis encontrado un diminutivo». «Sí, *morţişoară*»,[209] me contestó. Eso es lo que entiendo por nada vulgar. Ahora bien, para ser justos, hay que reconocer que esas experiencias a un nivel tan bajo no carecen de virtudes positivas y suponen una superioridad sobre el mundo, un despego, una sabiduría que no se encuentra en ningún pueblo de Occidente (excepto quizá en los españoles). *Mi-e silă de mine, mi-e silă de toate*[210] es algo bien distinto de *estoy harto*...

Un cordial saludo,

E. M. Cioran

P. D.: Ni que decir tiene que para su artículo puede utilizar mi carta anterior, tal como me pidió, e incluso esta, pese a su frivolidad.

---

[206] «Arrabal».
[207] En alemán, «sentimiento de la vida».
[208] Viejo Reino: nombre por el que se conocía el reino de Rumanía entre 1881 y 1918. Su territorio comprendía principalmente Muntenia, Oltenia, Dobruja y Moldavia.
[209] Diminutivo de *moarte*: «muertecita».
[210] «Estoy hastiado de mí mismo, estoy hastiado de todo».

114 — A Arşavir Acterian

París,
20 de noviembre de 1971

Mi querido Arşavir:

Me alegro de que tus asuntos se solucionen. Así tendrás una vejez (¡qué palabra!) más o menos soportable. Ya te dije que mi futuro no me preocupa demasiado. Desde hace muchos años la unidad de tiempo que me sirve de referencia para organizar mis quehaceres es sumamente reducida. Si me he sacudido esa horrible obsesión por el futuro, que recurre al mejor de nuestros terrores, es tanto por cobardía como por sensatez. También te dije que mi condición física no era como la que disfrutan los patriarcas. Me preguntas de qué sufro (clínicamente). La cabeza no está en buen estado. Mi cerebro se queja de una pesadez, causa de una hipocondría casi permanente. Tiene mucho que ver en ello una «rinitis medicamentosa». En todos los hospitales de París, en la sección de otorrinolaringología, tengo una ficha, ¿qué digo?, un dosier. Mi corazón hace su trabajo, pero la tensión no es excelente. La cuido con plantas, pues me he convertido por necesidad a la homeopatía. Más abajo, una gastritis crónica me obliga a tener cuidado con las comilonas y a seguir un régimen casi ascético. Podría seguir bajando hasta los dedos de los pies...

Los que, aquí, solo hemos sufrido indirectamente a causa de la historia, debemos pagar a nuestro modo una fortuna inmerecida. Eugène [Ionesco] se encuentra en un estado lamentable pese a su enorme vitalidad. Desde hace veinte años, sus excesos han sido tales que es un verdadero milagro que siga vivo y tan batallador como siempre. Mircea [Eliade] tiene una pericarditis causada por una infección en la garganta. Completamente curado, ahora está mejor que antes. Trabaja como un condenado, según acostumbra. Nunca entendió, ni siquiera adivinó, el valor metafísico del *farniente*, sigue creyendo en los libros, es tan entusiasta como a los veinte años. Yo siempre me he considerado el más desengañado, el más viejo de todos. Quizá debido a esta pretensión, los demás me parezcan tan jóvenes, tan emprendedores, tan llenos de ilusiones. Es preciso arrogarse alguna superioridad, de lo contrario la «unidad de tiempo» que mencioné antes no tardaría en reducirse a la nada.

Un cordial saludo,

E. C.

115 — A Wolfgang Kraus[211]

París,
4 de mayo de 1972

Querido señor Kraus:

Muchísimas gracias por su carta. Tophoven[212] ha recibido por fin la fotocopia. Por desgracia no es buena. Le gustaría tenerla. ¿Sería posible que me la vuelva a enviar, más o menos dentro de un mes?

«Los nuevos dioses»[213] es un ensayo político. El cristianismo, o más bien el monoteísmo, solo era un pretexto para mí. Aquí no se ha entendido de qué se trata. Pero usted comprenderá enseguida el trasfondo de mis ataques.

La evolución actual del mundo es tan deprimente que, por cobardía, llevo dos semanas sin leer ningún periódico. Estoy harto de unas catástrofes que ya había previsto. ¿Se ha interesado usted alguna vez por Talleyrand? Hasta ahora he leído por lo menos veinte libros sobre él. Una personalidad fascinante, un estafador genial. Muy actual. Nos haría falta un hombre así.

Me pregunta si he pensado en las causas de la balcanización del oeste de Europa. La verdad es que no. Pero no se debe olvidar que los pueblos de los Balcanes son los herederos de la

---

[211] Ensayista y editor austriaco, nacido en 1924, muerto en 1998.
[212] Elmar Tophoven (1923-1989), traductor alemán.
[213] Ensayo publicado en 1965 y reproducido en 1969 en *El aciago demiurgo*.

disgregación del Estado bizantino. Y Europa del Oeste, ¿acaso no es el nuevo Bizancio?

Me alegra que este verano vaya a pasar una temporada en Saint- Germain-en-Laye. Yo todavía no tengo ningún plan. Probablemente iré a Dieppe. Pero Dieppe solo está a ciento ochenta kilómetros de París.

Un cordial saludo.

Suyo,

E. M. Cioran

116 — A Arşavir Acterian

París, 3 de noviembre de 1972

Mi querido Arşavir:

Acabo de releer el emocionante relato de tu viaje a Constanza. Tienes razón cuando me pones en guardia contra las ilusiones que me hago sobre los lugares de mi infancia: si volviera a ellos, iría de consternación en consternación, como es normal cuando se visitan tumbas. Me viene a la mente la inscripción funeraria de Tomis: «La vârsta de 50 de ani, ajungând la capătul vieţii»[214]... En cierto sentido puedo decir que a cualquier edad he tenido la sensación de haber llegado a ese *capăt*. Ahora que soy viejo sin remedio, ya no es precisamente una «sensación». Es más concreto, para bien o para mal.

Cuando era joven los viejos me daban lástima; ahora me la dan los jóvenes. La naturaleza lo arregla todo para... mejor. El futuro cada vez me parece más inconcebible. De lo contrario, ¿cómo despegarse de este mundo? Pero lo inaudito es que estoy convencido de que en este caso no se trata solo de un truco de la naturaleza, de un fenómeno de vejez, sino de una realidad

---

[214] En rumano: «A la edad de cincuenta años, llegando al final [*capăt*] de la vida...». Alusión al destierro de Ovidio en Tomis (la actual Constanza, ciudad natal de Arşavir Acterian, a la orilla del mar Negro), en el año 8.

evidente, apremiante; me refiero a que el futuro no me *parece* condenado, *sé* que lo está, sin sombra de duda por mi parte.

¿Sabes cuáles son mis lecturas en este momento? Estoy enfrascado en la vida de los zares. Es extraordinaria. Habría tenido que tomar notas y escribir un ensayo. Pero ¿para qué?

Saludos cordiales,

E. C.

117 — A Wolfgang Kraus

París, 25 de diciembre de 1972

Querido señor Kraus:

Muchas gracias por su carta y por sus observaciones, a la vez objetivas y amistosas, sobre la *Caída [en el tiempo]*. Me alegra mucho que usted considere «austriacos» mis ensayos. Nací en la periferia de Austria, un hecho que no puedo olvidar.

¿Ha leído *Hope Against Hope*, de Nadejda Mandelstam?[215] Es un documento increíblemente veraz y conmovedor. Resulta curioso que la mayoría de los que lo han leído (en Europa del Oeste, por supuesto) todavía creen que solo Stalin era un monstruo, y que Lenin era un ángel. Si se ha entendido bien ese libro, se pierde para siempre toda ilusión. Pero ilusiones, hoy en Francia, las hay para dar y tomar. Las perspectivas para las próximas elecciones son alarmantes. Los franceses son imprevisibles e histéricos, piensan que no tienen bastante libertad, que hace falta una «revolución»... *Historia* y *malentendido* son palabras con significados parecidos.

De Bondy,[216] nada nuevo. Estará muy ocupado. El mes pasado, en un solo número de la *Weltwoche*, había por lo menos cuatro artículos suyos.

---

[215] *Hope Against Hope. A Memoir* [*Contra toda esperanza. Memorias*] (Nueva York, Atheneum, 1970), de la escritora rusa Nadezhda Mandelstam (1899-1980).
[216] François Bondy (1915-2003), periodista suizo.

Para el título le propongo: *Die verfehlte Schöpfung* [lit., «la creación fallida»]. O mantenemos demiurgo, *Der schreckliche Demiurg* [lit., «el terrible demiurgo»], tal como propuso usted.[217]

Aichelburg me ha contado unas experiencias increíbles de allá.[218] El desfase entre sus escritos, demasiado «clásicos», demasiado atemporales, y su personalidad, que está realmente viva, me parece grande, demasiado grande. Lástima, pero no hay nada que hacer. Por suerte, no está amargado por ello.

Lo que me escribe en su carta sobre la reflexión y la acción, sobre la acción con retroceso, sobre «la organización como un arte de esquiar», me ha parecido fascinante: un tema magnífico para un ensayo, incluso para un libro.

Me alegra mucho que podamos volver a vernos en enero o febrero. Es casi seguro que del 16 al 26 de febrero yo no esté en París. Espero que le sea posible no venir en ese momento. (Disculpe, por favor, esta expresión estúpida).

Con mis mejores deseos para el Año Nuevo, suyo,

E. M. Cioran

118 — A Arşavir Acterian

París, 27 de febrero de 1973

Mi querido Arşavir:

Sí que he recibido tu carta del 12 de enero que me anunciaba la llegada de una joven intelectual transatlántica, a la que sigo esperando, al parecer en vano, porque sin duda ha partido directamente a ese continente llamado joven y que está casi tan cansado como el viejo. ¡A quién se lo ocurre hacer una «tesis» sobre Sartre! Ese señor (no desconozco, por supuesto, sus múl-

---

[217] La versión alemana de *Le Mauvais Démiurge* se publicará en 1979 con el título de *Die verfehlte Schöpfung*, en una traducción de François Bondy y Elmar Tophoven, en la editorial Suhrkamp.

[218] Rumanía, donde Wolf von Aichelburg ha pasado cinco años en las cárceles comunistas.

tiples talentos) es para mí el símbolo de la delicuescencia occidental. Tú entiendes lo que quiero decir, pero lo que probablemente no puedes entender ni imaginar es el grado de *tembelism*[219] al que han llegado aquí las personas. Se han convencido de que son desdichadas, de que están oprimidas, explotadas, cuando la mayoría padecen los males inherentes a la sobrealimentación. No hay duda de que todos los dramas de la historia se originan en malentendidos. En cierto sentido, el bienestar crea más males que la miseria, sobre todo si ese bienestar pesa y se desea *inconscientemente* librarse de él. *Sătul de bine!*[220] Hay en esta expresión una verdad admirable y definitiva. Explica casi todas las contradicciones y anomalías de este mundo. No pasa un día sin que la invoque o la cite. Así que ya lo sabes, aunque estas cosas no deben resultarte ajenas, ni mucho menos.

No te molestes en enviarme el texto de Blaga sobre mí.[221] Ya lo he leído, no nos hace justicia ni a mí ni a él. ¡Qué desgraciado, al fin y al cabo! Me alegro de que me haya brindado la ocasión de perder el respeto que me inspiraban sus libros sustanciales pero plúmbeos.

Un abrazo.

Tuyo,

E. C.

119 — A Wolfgang Kraus

París, 26 de marzo de 1973

Querido señor Kraus:

Muchas gracias por su carta y por esa espléndida y brillante reseña.[222] ¡Con qué precisión, con qué pertinencia ha caracteri-

---

219 En rumano, «indolencia», «dejadez», «apatía».
220 «Harto de bienestar», incluso «asqueado».
221 «La farsa de la originalidad», publicado en 1962. Su autenticidad se ha puesto después en duda: seguramente las autoridades comunistas de Rumanía obligaron a Lucian Blaga a escribirlo.
222 Wolfgang Kraus le ha enviado a Cioran el manuscrito de su artículo sobre *La Chute dans le temps*, que se publicará en el *Tages-Anzeiger Zurich* el 19 de abril.

zado usted mi posición, «en el centro del conocimiento contradictorio de un hombre que no quiere vivir ni con el saber de la duda ilimitada, ni con el ímpetu emocional de la fe»! (Debo hacerle ahora una concesión: en la descripción de los alejandrinos, de los escépticos, he tratado de describirme a mí mismo, un autorretrato idealizado, por lo demás). Vengo de un pueblo de pastores. La ambigüedad histórica y cultural, el desgarro interior, es una especialidad de la Europa central y oriental.

Gracias también por los libros, sobre todo por S. J. Lec,[223] a quien la verdad es que no conocía. Es muy cercano a mí por su sentido del *impasse*. Los intelectuales de aquí considerarían «reaccionarios» sus soberbios aforismos.

Hace poco leí varios capítulos de *Que juzgue la historia*, de Medvedev.[224] Es casi increíble que después de esos documentos todavía puedan existir utopías o incluso ideologías.

Mi salud, como todas las primaveras, no es excelente que digamos. Pero con Trevidal consigo superar algunos malos momentos.

Una vez más, gracias por todo.

Un cordial saludo.

Suyo,

E. M. Cioran

120 — A Wolfgang Kraus

París, 11 de junio de 1973

Querido señor Kraus:

Anteayer hablé con un amigo suyo, Bulitza.[225] Tuvimos una conversación interesante sobre lo divino y humano. Hace mucho recibí el libro de otro amigo suyo, Zbigniew Herbert,[226] pero,

---

[223] Stanislaw Jerzy Lec (1909-1966), escritor polaco.
[224] *Let History Judge. The Origins and Consequences of Stalinism* (trad. de C. Taylor, Nueva York, Knopf, 1971) del historiador ruso Roy Medvedev (nacido en 1925).
[225] Probablemente Peter Vujica (1937-2013), autor y compositor austriaco.
[226] Poeta polaco (1924-1998). El libro podría ser *Inschrift* [«Inscripción»], antología publicada esa primavera por la editorial Suhrkamp, en una traducción alemana de Karl Dedecius.

por negligencia balcánica, olvidé comentárselo a usted, y darle las gracias. Aunque es un poeta excelente, me atrae más la sabiduría amarga de Stanislaw Lec.

No puedo decirle nada concreto sobre la literatura contemporánea de Bucarest porque ya no leo ningún libro rumano. Vivir sin la lengua materna es una experiencia extraña, pero estoy decidido a llevar el desarraigo hasta sus últimas consecuencias.

En su última carta usted hablaba del «diluvio de estupidez» que tienen que soportar constantemente los que saben. He aquí un ejemplo concreto. Un segundo libro mío (*La tentación de existir*) acaba de publicarse en España, en la editorial Taurus. La censura no ha querido dar su autorización; en vez de eso, un «silencio administrativo», lo que significa que el libro puede ser secuestrado en cualquier momento. Lo curioso es que en España todos los libros de extrema izquierda procedentes de Europa del Oeste son traducidos sin ninguna dificultad ni complicación. Mi editor[227] (¡que además es un cura, un jesuita!) quiere publicar ahora el [*Aciago*] *demiurgo*. Estoy casi seguro de que esta vez la censura será más severa.

¿Dónde va a pasar el verano? ¿En Viena o en Knoppen? Mi experiencia demuestra que no se puede trabajar correctamente en una gran ciudad. Para su libro necesitará sin duda calma y soledad. Cuando el teléfono o las visitas te interrumpen sin parar, a lo sumo puedes escribir fragmentos, como yo...

Adjunto encontrará un artículo valiente sobre la Comuna de París. Debido a la enfermedad de Pompidou, Francia se enfrenta a una nueva crisis. ¡Pocos meses después de las elecciones![228] Ahora estoy leyendo una buena tesis doctoral francesa sobre Rudolf Pannwitz,[229] un genio secundario. En

---

[227] El duque consorte de Alba, Jesús Aguirre y Ortiz de Zárate (1934-2001).
[228] El partido de Georges Pompidou ganó las elecciones legislativas de marzo, pero la salud del presidente de la República, aquejado de la enfermedad de Waldeström, se agravó (moriría en abril de 1974).
[229] Alfred Guth, *Rudolf Pannwitz. Un Européen, penseur et poète allemand en quête de totalité, 1881-1969*, París, Klincksieck, 1973.

realidad no conozco al autor, pero estaba sentado al lado de su mujer en la comida del Instituto cuando usted me invitó. La señora era muy amable y entre otras cosas hablamos de Pannwitz. Resultado: ahora tengo que leer *ochocientas* páginas, nada menos. Como le decía el libro es bueno, pero demasiado detallado, demasiado profundo. Cierta superficialidad es necesaria, sobre todo si se quiere decir lo esencial y solamente lo esencial.

Con mis deseos y mis saludos más cordiales, suyo,

E. M. CIORAN

121 — A WOLFGANG KRAUS

París, 20 de julio de 1973

Querido señor Kraus:

Muchas gracias por su última carta y por los dos capítulos.[230] La idea de empezar el libro con unas consideraciones sobre la pulsión lúdica es excelente. Creo que los pasajes más incisivos son los que hablan de las guerras y las revoluciones, cuyo punto de partida suele ser «romántico, novelesco, literario», luego la comparación entre los jesuitas y Lenin,[231] el papel de los estetas y su simpatía por el poder brutal, la «debilidad» de las democracias y la dimensión austriaca del nazismo.

La principal dificultad cuando se escribe es la transición, el paso de una idea a otra. Enseguida se da uno cuenta de que en usted esa transición es natural. Los dos capítulos dan la impresión de una unidad orgánica.

---

[230] Se trata de los primeros capítulos del manuscrito del libro de Wolfgang Kraus *Kultur und Macht. Die Verwandlung der Wünsche* [«Cultura y poder. La metamorfosis de los deseos»], que se publicará en Viena, en la editorial Europa, 1975. (Serán los capítulos primero y tercero de la versión editada).

[231] «Lenin no usó la cultura y el arte con un fin tan simple como ensalzar e inmortalizar a su persona, las usó como herramientas para cambiar el mundo. Antes que él, solo lo habían hecho las religiones, y los jesuitas con la mayor eficacia» (*Kultur und Macht, op. cit.*, p. 33).

Ahora, unos detalles. En la página 8 (del primer capítulo) yo suprimiría el nombre de Cohn-Bendit.[232] Es un personaje secundario que no merece, al menos a mi juicio, ser citado. Le hace usted demasiado honor. La «antología de los proverbios»[233] (en la misma página) deriva del surrealismo, es decir, de una degeneración *teatral* del romanticismo alemán. Al principio del segundo capítulo, la frase «Cuando oigo la palabra cultura...» no es de Goebbels, si no me equivoco es de Hanns Johst.[234] Aunque no estoy completamente seguro. Bondy podría decírselo.

Si me permite darle un «consejo», yo mezclaría el tono del ensayo objetivo con el tono, digamos, de la «carta». Serían muy interesantes sus impresiones sobre la época nazi o sus experiencias en Europa del Este.

Poder y cultura es sin duda un buen título. Yo propondría también: *El conflicto entre cultura y poder*. Esta brecha trágica es la esencia misma de nuestra época, y de la historia en general.

En todo caso, lo que puedo decirle es que he leído con mucho interés estos dos capítulos y que espero con impaciencia los siguientes.

Es muy probable que vaya a Dieppe el 23 de julio y me quede allí hasta el 15 de agosto, más o menos. Le doy de nuevo mi dirección: Castel Royal, c/o Lebacqz[235] / 15, boulevard de Verdun / Dieppe / Sena Marítimo.

Le envío el manuscrito por separado, porque aquí abren los sobres (que contienen impresos).

¿Su amigo Herbert ha leído el libro de Gibbon sobre la caída del Imperio romano?[236] Anoche, hasta altas horas, hablé del tema con una conocida italiana. Si sus datos son exactos, en la época de la infiltración del cristianismo no debía haber en Roma

---

[232] Daniel Cohn-Bendit (nacido en 1945), político francoalemán.

[233] Alusión a las consignas de Mayo del 68, que Wolfgang Kraus relaciona directamente con el romanticismo alemán (*Kultur und Macht, op. cit.*, p. 26).

[234] «Cuando oigo la palabra "cultura", le quito el seguro a mi Browning».

[235] Albert Lebacqz (1924-2000), periodista.

[236] Edward Gibbon, *Historia de la decadencia y caída del Imperio romano* (1776-1788).

más de sesenta mil romanos propiamente dichos, para una población de un millón de habitantes. Los demás eran trabajadores inmigrantes...

Saludos cordiales.

Suyo,

E. M. CIORAN

122 — A WOLGANG KRAUS

París,
21 de agosto de 1973

Querido señor Kraus:

Muchas gracias por su carta y por el tercer capítulo. Lo que ha escrito sobre la complicidad de la vanguardia me ha interesado mucho. Desconocía por completo la cita de Werfel.[237] Hitler, que no entendía nada del expresionismo, es su contemporáneo e incluso su «hijo». Pertenece a la misma visión del mundo, se sitúa en el «paisaje apocalíptico» de Ludwig Meidner.[238] Quizá le reprochen que haya destacado ciertos aspectos *positivos* (en lo que concierne a la organización de la cultura en la época nazi). Pero era necesario, en aras de la imparcialidad. Hasta al diablo hay que considerarlo con objetividad, sobre todo cuando tiene una inclinación tan fuerte por la arquitectura. Igual que a usted, a mí me impresionaron mucho las memorias de Speer.[239] Pero Hitler sigue siendo un enigma, una nada inasequible.

---

[237] «He conocido muchas clases de orgullo, en mí mismo y en los demás. Pero habiéndolo experimentado durante cierto tiempo, en mi juventud, puedo afirmar que no hay orgullo más devorador, más insolente, más burlón, más obsesionado con el diablo que el de los artistas de vanguardia y los intelectuales radicales que, con vano afán, se desviven por ser profundos, oscuros y difíciles, y por hacer daño. Entre las risas divertidas e indignadas de algunos filisteos, nosotros, los vulgares, preparamos las llamas del infierno donde se está asando la humanidad» (Franz Werfel, *Zwischen Oben und Unten* [1946], en W. Kraus, *Kultur und Macht, op. cit.,* p. 60).

[238] Pintor alemán nacido en 1884, muerto en 1966.

[239] Se refiere al libro el arquitecto alemán Albert Speer (1905-1981), *Erinnerungen,* Berlín, Ullstein, 1969. [Hay trad. cast.: *Memorias,* trad. de Ángel Sabrido, Barcelona, Acantilado, 2019].

Yo no incluiría a Brasillach ni a Abellio.[240] Nada más normal que la simpatía del primero por Hitler, pues era antidemócrata al cien por cien. No se trata de ninguna «traición» ni de una supuesta actitud estetizante. El segundo había sido antes comunista y su caso es muy complicado.

Solo he pasado cuatro días en Londres. Nunca había vivido allí tan intensamente, recorriendo la ciudad, paseándome durante horas por todos los barrios posibles. Incluso fui a Highgate para visitar la tumba más *importante* de los tiempos modernos.[241] Muchas veces he pensado en lo que me dijo usted cuando volvió de la capital británica, a saber, que va a correr la misma suerte que Viena y que notó en todas partes síntomas de decadencia.

Voy a pasar unas dos semanas en Valais. Un amigo ha puesto su casa a mi disposición, en Crans-sur-Sierre. Volveré el 8 de septiembre.

Estoy ansioso por leer el cuarto capítulo, es decir, la segunda tragedia cultural del siglo.

Por favor, no me envíe el capítulo hasta que no vuelva a París, porque no conozco la dirección exacta en Suiza. Si no he entendido mal, es una casa aislada. Espero que lo pase bien en Estocolmo (allí también algo va mal) y sobre todo en Estambul. Dos experiencias estimulantes.

La cura que he hecho en Enghien[-les-Bains] ha sido eficaz. El azufre merece mejor reputación.

Saludos cordiales.

Suyo,

E. M. CIORAN

Mando el manuscrito por separado.

---

[240]   Robert Brasillach (1909-1945), escritor francés; Raymond Abellio (1907-1986), escritor y gnóstico francés.
[241]   La tumba de Karl Marx.

123 — A Samuel Beckett

París,
4 de enero de 1974

Mi querido Beckett:

Lessness,[242] *lessness*; me hace pensar en el *Ungrund* de Boehme, con el que designaba algo anterior al *Urgrund*...[243] Pero Boehme tenía en mente la *Losigkeit*[244] divina, mientras que en usted es la *Losigkeit* en estado puro. En estado musical, más bien. Realmente se trata de una fuga y yo no me he dado cuenta hasta leer su texto. Lo oía, lo escuchaba. Dejaba justamente de ser un texto. Las palabras eran vencidas por la *endlessness* que llevaban en ellas.

E. M. CIORAN

124 — A Fernando Savater[245]

París,
12 de febrero de 1974

Querido amigo:

Se le atribuyen a Talleyrand estas palabras, citadas a menudo: «Quien no ha conocido el Antiguo Régimen no ha conocido la dulzura de vivir».

Le sugiero que modifique este «pensamiento» de la siguiente manera: «Quien no ha vivido antes de la Revolución de 1789 no ha conocido la dulzura de vivir».

De este modo, todo el mundo lo entenderá.

En Rusia también empiezan a añorar a los zares...

---

[242] *Sans*, texto que Beckett publicó en francés en 1969 y en inglés en 1970 con el título de *Lessness*. [Hay trad. cast.: *Sin*, trad. de Félix de Azúa, Barcelona, Tusquets, 1984].

[243] Según el filósofo silesio Jakob Boehme (1575-1624), antes que el propio Dios y el *Urgrund* (origen, causa primera, comienzo de todas las cosas) estuvo el *Ungrund*, nada carente de causa anterior, realidad inefable, abismo sin fondo.

[244] Término alemán acuñado por Beckett para decir «la falta», «la ausencia en sí, la ausencia en estado puro» (Cioran, «Beckett. Quelques rencontres», en *Exercices d'admiration, Œuvres, op. cit.*, p. 1191).

[245] Filósofo español nacido en 1947.

Seamos escépticos, más que nunca.

Un cordial saludo,

E. M. CIORAN

125 — A BUCUR ȚINCU

París,
29 de abril de 1974

Mi querido Bucur:

Te agradezco las noticias que me has dado sobre tu estado de salud. Lo importante es que haya acabado esa serie de operaciones, que corrían el peligro de debilitarte demasiado. Estoy seguro de que pronto llevarás una vida completamente normal. No me dices si piensas ir de vez en cuando a Rășinari. Haz todo lo posible por conservar la casa que tienes allí. Llegará un momento en que te habrás cansado de Bucarest, porque con la edad uno se cansa de todo. Lo sé por experiencia, pero no tengo forma de escapar de esta ciudad infernal (o al menos en tal se ha convertido).

Me preguntas si tengo buena salud. Nunca la he tenido, pero voy tirando pese a todo, sin muchos ánimos y pasando de un achaque a otro, según las estaciones. Las cuestiones prácticas no he llegado a resolverlas y seguramente no llegaré a resolverlas nunca. No tengo derecho a pensión, porque mis libros me han rentado muy poco, de modo que me veré obligado a vivir precariamente como hasta ahora, pero con mis fuerzas dispersas e incluso reducidas. Para colmo quieren desahuciarme de la casa donde vivo, lo cual, si la amenaza se cumple, me convertiría en una especie de vagabundo. No te cuento estas cosas para que te apiades de mí. Sería el último de los imbéciles y los ingratos si me quejara de mi *futuro*. Mejor que nadie, he tenido la vida que he querido: libre, sin las ataduras de una profesión, sin humillaciones amargas ni preocupaciones mezquinas. Una vida casi *de ensueño*, una vida ociosa como hay pocas en este siglo. He leído mucho, pero solo libros que me gustaban, y si me ha costado escribir algunos, el esfuerzo se ha visto compensado por la satisfacción de no haber incluido en ellos nada que contradijera mis ideas y mis gustos. Si estoy descontento de lo que he hecho, no lo estoy, en cambio, de la clase de vida que he llevado. Eso es magnífico. En cuanto al resto, a lo que me espera, sé perfectamente que no va a ser, que no podrá ser brillante: deberé *pagar* por mis alegrías pasadas. «Sin una sabia resignación la vida se vuelve insoportable», dices en tu última carta. Tienes razón. Por algo pertenecemos a un pueblo tan básicamente fatalista como el nuestro.

Tal como te escribí la última vez, mi admiración por Petrică [Țincu] ha permanecido intacta a través de los años. ¡Qué genio tan fulgurante! Recuerdo algunas de sus frases como si las hubiera oído ayer. He conocido a muchas mentes notables, algunas de primerísimo orden, pero ninguna inteligencia tan incandescente como la suya.

Tenme al corriente de tus trabajos y tus proyectos.

Un fuerte abrazo,

Luț

126 — A Arșavir Acterian

París,
23 de junio de 1975

Mi querido Arșavir:

Tu carta es de hace dos meses. Desde entonces han pasado no pocas cosas, que no han hecho más que confirmar mis predicciones y aprensiones. Lo que me asombra es que, sabiendo lo que sé, todavía sea capaz de desesperarme cuando tal o cual acontecimiento acaba dándome la razón. Mi odio teórico a la historia no me impide tomarme en serio este desfile grotesco de sucesos y catástrofes. Tanta inconsecuencia por mi parte echa por tierra mi orgullo, así como mis pretensiones de sabiduría. Estoy seguro de que adivinas las realidades concretas que oculta este lenguaje vago.

No obstante, mi vida continúa con los inevitables aburrimientos de los que me quejo sin parar. Veo a demasiada gente. Pierdo

el tiempo en conversaciones, en charlas, porque los cinco conti-
nentes se han dado cita en esta ciudad y yo, como todo quisque,
debo sufrir las consecuencias. Bendito sea el día sin visita. Los
que están solos y se quejan no saben lo afortunados que son.
Valéry escribió así su epitafio: «Aquí yace X, matado por los demás». Sin un mínimo de silencio y soledad, respirar es absurdo.
Por suerte, de vez en cuando me vuelvo a sumergir en la filosofía
hindú o china. ¡Qué paz! La verdad, si está permitido usar semejante palabra, está ahí. Desde hace mucho me encamino al mundo
del que Mircea [Eliade] se aleja, noto que hago un recorrido contrario al suyo, como si quisiera volver a encontrar lo que él había
buscado en su juventud y luego más o menos fue abandonando
(por amor a la ciencia). En otras palabras, me he lanzado a la
aventura del desapego con cierto ímpetu, el ímpetu del fracaso.

Trata de conservar la salud o lo que te quede de ella. Es el
consejo que también me doy a mí mismo.

Saludos cordiales,

CIORAN

Esta mañana he leído con cierta emoción unos poemas de Blaga. Por motivos mezquinos, yo le tenía ojeriza.[246] Tengo que
reconocer que era alguien.

127 — A JEANNINE Y GÉRARD WORMS

Dieppe,
13 de agosto de 1975

A finales de julio intenté veros varias veces. Supongo que esta-
ríais en la Camarga o cerca de Nápoles. Yo he huido de la caní-
cula y la charla y, a pesar de mis insomnios violentos, estoy
bastante bien aquí, donde, como protesta contra la época, leo
libros inactuales.

---

[246] Alusión a un artículo de Lucian Blaga sobre Cioran; véase más arriba, p. 184, n. 221.

Espero que estéis en buena forma y no demasiado desesperados con la que se avecina.

Afectuosos recuerdos a los dos,

CIORAN

128 — A ARŞAVIR ACTERIAN

Dieppe,
24 de agosto de 1975

Mi querido Arşavir:

Tu carta del 25 de julio es un modelo de lucidez y también un ejercicio de crítica de una veracidad implacable. No exagero al afirmar que esa ejecución —en el fondo afectuosa (ahí radica la paradoja)— es la última palabra que pueda decirse sobre nuestro amigo. Una sentencia, un veredicto... desesperado. Hay una incompatibilidad evidente entre lo que llamas lo esencial, *lo que es más importante* (no es del propio Chestov, sino de Plotino), y la sobreproducción. ¿Qué se le va a hacer? Hay personas que buscan y hay otras que trabajan: la interrogación no tiene nada que ver con el rendimiento.

Con razón me reprochas mi relación atormentada con la Historia. Mi debilidad es odiarla, cuando debería despreciarla; no lo consigo, por muchos motivos; el principal es que veo a demasiada gente y me resulta imposible no abordar asuntos relacionados con el presente. Y cuando hablas de esta miserable actividad te dejas llevar hacia el pasado y el futuro, y caes en las quejas y las predicciones. En nuestra juventud estábamos obsesionados por el afán de escándalo, de Historia, concretamente, y toda la *Schimbarea* [*Transfiguración de Rumanía*] llevaba su huella, para indignación de Jeni [Acterian], a quien ese libro le parecía exasperante y ridículo. Era más sensata que nosotros, por lo menos que yo, y te aseguro que pienso a menudo en su reacción, que en aquel entonces me pareció excesiva. La sed de Historia es la fuente de todas las locuras, y por desgracia es insaciable.

Aquí hemos tenido mucho calor. Si no hubiera salido de París, me pregunto cómo habría podido soportarlo. En Dieppe las noches son frescas, no como en Bucarest. ¿Has ido a alguna parte?

Acabo de leer un libro que empezó irritándome para acabar seduciéndome y hasta conmoviéndome: son las memorias del ama de llaves de Proust, de quien describe en detalle la agonía y las ansias que la precedieron. El ejemplo de un hombre que sacrificó completamente su vida a su obra tiene algo de reconfortante y alentador. A raíz de esta lectura he decidido sentar cabeza, vencer mi tendencia balcánica a la dejadez, a la renuncia, a la apatía. De la decisión al acto hay un trecho... Si hubiera realizado siquiera la cuarta parte de mis planes, hoy sería un hombre de provecho. Pero quizá sea ese mi destino —y mi suerte—, no estar a la altura de lo que habría podido ser.

En cuanto a tu carta, estate tranquilo: no se la enseñaré a nadie. ¡Lástima! Sobre uno mismo solo se deberían leer acusaciones.

Un saludo afectuoso,

E. CIORAN

129 — A WOLFGANG KRAUS

París,
29 de octubre de 1976

Querido señor Kraus:

Muchas gracias por sus dos cartas. Pienso en sus grandes responsabilidades y en el peso que supone una familia. El espíritu de sacrificio no va con mi carácter, pese a que dos o tres veces, en mi juventud, estuve a punto de renunciar a mi independencia. Mi vida habría seguido un rumbo muy distinto y, para bien o para mal, no habría tenido tiempo para consumirme. Si le soy sincero, siempre he pensado que mi familia, de ambos lados, en cierto modo había degenerado y no merecía perpetuarse. Mi hermano era de la misma opinión. Solo mi hermana pensaba de otro modo. Su hijo se suicidó, como lo hizo ella, indirectamente, fumando cien cigarrillos diarios.

Aquí todo se está desmoronando, como en Europa Central antes de la Primera Guerra Mundial. Pienso a menudo en la suerte de Austria: ¡qué ejemplo de la descomposición actual! Los ingleses o los franceses aceptan su situación; solo el extranjero se angustia pensando en ella. Por mi parte, estoy seguro de que las circunstancias históricas de Austria me hacen sufrir más que a muchos austriacos.

Hace treinta años leí un importante libro de Pierre de Labriolle sobre los últimos paganos;[247] lo he releído y me parece más actual que entonces. Los periodos de decadencia son fascinantes, sobre todo cuando se tiene la suerte de vivir en ellos. Los adversarios del cristianismo primitivo ejercen en mí una atracción más fuerte que los Padres de la Iglesia, porque no tenían futuro, mientras que los segundos son como cómplices o «camaradas».

El Jardín de Luxemburgo es muy hermoso, en efecto, y todos los días doy un pequeño paseo por allí. Por desgracia, en cada ocasión acabo encontrándome con alguien, forma parte de la comedia parisina.

Simone se ha ido a pasar diez días en la Vendée.

Un cordial saludo de su

CIORAN

130 — A ARMEL GUERNE

París,
28 de mayo de 1978

Mi querido Guerne:

El contraste entre su vigor espiritual y su condición física, tan bien percibido y explicado por usted,

5 de junio. Tendría que terminar ahora la frase que empecé hace una semana, ya que en ese momento me fue imposible

---

[247] *La Réaction païenne* (1934).

hacerlo. ¿Qué había pasado? Mi cerebro dejó de funcionar de repente. Fue el principio de una gripe malísima que aún arrastro. Simone, menos afortunada que yo, lleva tres semanas con fiebre. Un día, después de una hemorragia, me dijo que estaba segura de tener cáncer. Dolores nocturnos, compresiones, etcétera. Han sido unas jornadas de pesadilla, porque para saber el resultado hemos tenido que esperar diez días. Puede imaginar nuestra angustia y nuestras sospechas, pues los radiólogos no querían hacer ninguna previsión que pudiera atenuar nuestra ansiedad: esta negativa a pronunciarse, cuando se sabe que no hay nada grave, tiene algo de sadismo. Todos esos instrumentos están manejados por verdugos. Hay que esperar el veredicto del especialista, es su argumento. Ahora estamos más tranquilos, aunque el especialista no acaba de descubrir la causa de la fiebre persistente. Usted conoce mejor que nadie el drama de tener un cuerpo, pero lo que admiro en usted son esos momentos de que habla, en los que nada lo perturba: maravilloso desapego que aniquila la muerte, relegándola al papel de lamentable intrusa. Aun así, un pasaje de su carta me encogió el corazón: «El tiempo se extiende a mi alrededor, adquiriendo proporciones inimaginables con todos esos momentos que no terminan nunca». Lo entiendo, sé lo que quiere decir y no encuentro ninguna palabra, ningún consejo, ninguna mentira que pueda ayudarle a vencerlo. Es el horror puro. Toda mi vida he tenido ataques de tedio contra los que no he podido luchar, que me han impedido hacer algo seguido, coherente, serio. Por lo menos les debo el privilegio de entender los desasosiegos de los demás, de imaginármelos con detalle, sobre todo cuando se trata de la percepción del tiempo, el mayor enemigo que debe afrontar el hombre.

A partir de mañana voy a salir e iré a buscar *Le Nuage*. Jaujard[248] ha hecho bien en reeditar *Le Temps des signes*. Nunca ha estado usted tan *presente* como ahora. Qué injusticia (¡o qué *designio secreto*!) estar postrado en cama en el momento, litera-

---

[248] François-Xavier Jaujard (1946-1996), director de la editorial Granit.

riamente se entiende, más favorable de su «carrera». La Providencia tiene esas ironías...

Ánimo y un saludo afectuoso,

CIORAN

Para la señora Guillemin.

Querida amiga:

Gracias por su carta y sobre todo por ese pasaje en el que dice estar «cansada de la vida y de la muerte». Es exactamente lo que siento yo todos los días, y me pregunto cómo, con semejantes sensaciones, se logra continuar. A pesar de lo ridículo de la empresa, cumplamos nuestro deber de vivos hasta el final.

Saludos cordiales.

Suyo,

CIORAN

131 — A ROLAND JACCARD[249]

Algún lugar cerca de Nantes,
4 de agosto de 1978

Querido señor:

Después de *cincuenta años*, gracias a usted, volví a leer a Weininger. Me enfrasqué solo en los capítulos más febriles y devastadores, y debo reconocer que no me avergoncé de mi antiguo entusiasmo.

Pero esta lectura, al mismo tiempo, me permitió hacerme una idea de mi caída, de lo mucho que me había alejado del espíritu del exceso. Porque, por desgracia, ya solo puedo ir hasta el fondo en la duda. ¡Extremidad estéril!

Un cordial saludo,

E. M. CIORAN

---

[249] Ensayista suizo nacido en 1941, muerto en 2021.

132 — A Roland Jaccard

París,
25 de noviembre de 1978

Querido señor:

El pensamiento freudiano es esencialmente «antiutópico», dice usted. Freud me ha interesado siempre por su visión lúcida del futuro. Por eso a menudo me he preguntado cómo alguien tan clarividente pudo idear una terapéutica y sobre todo cómo pudo *creer* en alguna forma de curación. Las grandes mentes tienen estas facetas ingenuas...

Al leer su libro[250] he comprendido que mi juventud, es decir, Europa Central tras la caída de los Habsburgo, vivió a la sombra de Krafft-Ebing,[251] del que, ni siquiera ahora, me he librado completamente. El caso de Anne es impresionante, y la interpretación de Laing, legítima.[252] Después de todo, Bodhidarma, el introductor del budismo en China, permaneció nueve años inmóvil delante de un muro. Cierto es que por entonces la psiquiatría aún no hacía de las suyas. Con ella empieza nuestra decadencia.

Esa perplejidad de la que habla usted en la página 104[253] la siento cada vez que viajo en metro, ¿qué digo?, desde que ando por Occidente; desde hace ya cuarenta años ya viendo a esos «esquizos apagados» se tiene la impresión de que los llevan al

---

[250] *L'Exil intérieur. Schizoïde et civilisation*, París, PUF, 1975. [Hay trad. cast.: *El exilio interior. La civilización esquizoide*, trad. de A. Cardín, Barcelona, Materiales, 1978].

[251] Richard Freiherr von Krafft-Ebing (1840-1989), psiquiatra, especialista en perversiones sexuales (*Psychopathia sexualis*, 1886).

[252] Según el psicoanalista escocés Ronald Laing (1927-1989), Anne, de trece años, diagnosticada como esquizofrénica porque no come y pasa horas enteras mirando la pared de su habitación, debe ser considerada *sana* porque ha logrado «librarse del sistema que enferma»; véase *L'Exil intérieur, op. cit.*, pp. 144-148.

[253] «Al regresar después de varios días o varias semanas de un país llamado *subdesarrollado* donde, pese a la miseria, la vida aún es calurosa, un buen día llegas a Orly; te montas en el metro; observas; y te sobrecoges de miedo y estupor al contemplar esas caras petrificadas y cadavéricas que se desplazan a un ritmo rápido y estereotipado en un mutismo perfecto. ¿Cómo no pensar entonces en esos esquizofrénicos crónicos, en esos *esquizos apagados* que deambulan sin parar por los pasillos del hospital psiquiátrico?» (*L'Exil intérieur, op. cit.*, p. 104).

matadero, de que su suerte está echada. Y lo está, hay que reconocerlo.

El exilio interior, pese a su carácter impersonal, abunda en confesiones indirectas. De modo que su excelente título está justificado.

Saludos cordiales,

E. M. Cioran

133 — A Aurel Cioran

[París],
9 de mayo de 1979

Mi querido Relu:

Tienes razón: en cualquier parte del mundo yo habría tenido la misma visión de las cosas, el mismo tormento y el mismo asco. Por sí solo, el hecho de vivir en Răşinari o en París no tiene nada que ver con lo que se es realmente. Los viajes, las aventuras: ilusiones. Y está muy bien que sea así y es muy justo. Cuando era joven imaginaba que yendo a vivir al «centro del mundo» me convertiría en un tipo extraordinario. Tonterías. Prácticamente he dejado de desplazarme, ¿para qué? Una solterona de noventa y dos años (ya se murió) que vivió toda su vida en «mi» edificio, al preguntarle un día si tenía miedo a morir, me dijo que no, pero que le daba pena dejar la rue de l'Odéon... una calle que no tiene el menor interés.

Cu drag,

Luţ

134 — A Aurel Cioran

Dieppe,
25 de noviembre de 1979

Mi querido Relu:

Los libros que he escrito aquí desde pronto hará treinta años no han tenido, a decir verdad, ningún éxito. Nunca me he quejado de ello, al contrario, he aceptado muy bien mi condición de marginal. Y ahora resulta que todo el mundo se ha puesto a hablar de este libro [*Desgarradura*], que probablemente no es tan bueno como los otros. Fenómeno inexplicable y deprimente. Le he pedido a mi editor que suspenda toda la publicidad y te aseguro que si estuviera en mi mano, retiraría esa pobre *Desgarradura* del mercado. Cuando pienso que a la mayoría de los escritores les gusta ese alboroto alrededor de sus producciones (productos, más bien), me entran ganas de no escribir ni publicar nada más. Aparte de que, como todo en él me desagrada, no veo por qué debería seguir dedicándome a un «oficio» que ya no me dice nada. Si no fuera tan viejo volvería a la filosofía. Ella por lo menos tiene la disculpa de no ser accesible a los periodistas ni a las simplonas.

Cu drag,

LUȚ

135 — A WOLFGANG KRAUS

París,
30 de noviembre de 1979

Querido señor Kraus:

Muchas gracias por la carta y por la postal de Zúrich. Me alegro de que tres cuartos de su nuevo libro ya estén terminados. Le ruego que me envíe varios capítulos dos o tres semanas antes de que venga a París en enero.

Mi libro[254] tiene lo que se podría llamar «éxito». Los periódicos (de derechas y de izquierdas) lo han comentado, en general superficialmente, a la manera parisina. Un escritor normal estaría satisfecho con esta acogida favorable, pero en mí este guirigay ha tenido un efecto deprimente. Estar de moda, en el fondo, es una derrota espiritual. Yo, que predije muy claramente la impotencia de Occidente, he recibido mi castigo.

---

[254] *Écartèlement* [*Desgarradura*] (París, Gallimard, colección Les Essais, 1979).

No tengo ganas (al menos por ahora) de lanzarme a escribir. Otro libro, ¿para qué? Estoy cansado, derrengado, vacío: salgo todas las noches y esas invitaciones agotadoras me han convertido en un fantasma.

Un viejo amigo mío está gravemente enfermo y hospitalizado. Hace poco lo visité. No sabe que está condenado. Durante nuestra conversación hizo toda clase de planes, solo habló del futuro. Al salir me dije que a fin de cuentas todos somos como ese enfermo incurable, obsesionado con ilusiones.

Me alegro mucho de poder volver a verlo en enero. Hasta entonces, mis mejores deseos y cordiales saludos, de parte de Simone también.

Suyo,

E. M. CIORAN

136 — A WOLFGANG KRAUS

París, 2 de enero de 1980

Querido señor Kraus:

He vuelto a abrir el Antiguo Testamento, que llevaba mucho tiempo sin leer. El Libro de Job y el del rey Salomón ejercieron mucha influencia en mí durante mi juventud; estos dos libros son realmente inseparables de mis éxitos de antaño. Simone Weil criticó al antiguo Dios y la alianza con los judíos de una manera muy tajante, después de lo cual rompió por completo con su judeidad. Lo que me gusta en ese Dios y esa alianza —o, mejor dicho, lo que me gustó, porque ya no soy tan entusiasta como entonces— es su increíble provocación, su osadía sublime. Una religión limitada no podía extenderse al mundo, pero con su fuerte impronta nacional separó a los judíos de los demás hombres, lo que les salvó como pueblo, no espiritualmente, sino en el plano histórico. La reacción más virulenta contra Yavé la encontramos en Marción, que quizá sea la figura más interesante de la gnosis. Este hereje fue el punto de partida de mi *Aciago demiurgo...*

De la situación actual ya no hay nada más que decir. Lo que no nos hemos cansado de repetir se ha vuelto hoy innegable. La oportunidad histórica y mundial de Rusia es la disolución interna de Europa Occidental y, en parte, de América. Siempre lo he sabido, como todos los europeos del Este.

Me alegro de que usted, pese a todo, haya podido sacar tiempo para trabajar en su libro, y le transmito mis mejores deseos para el Año Nuevo.

Con nuestros saludos cordiales.

Suyo,

E. M. CIORAN

137 — A PATRICE COVO[255]

[9 de enero de 1980]

Mi querido Covo:

Valéry, como bien sabe, leía muy poco. De modo que no habría leído mis libros, como mucho los habría hojeado un rato y luego los habría arrojado con ese desprecio cansino que era su fuerza. ¿Le he hablado alguna vez de mi reacción después de oír su lección inaugural en el Collège de France? Alguien me preguntó lo que pensaba y contesté: «Valéry es un analfabeto que lo sabe todo». Con esto quería decir que ese hombre no tenía ninguna formación rigurosa, que era imperdonable que consiguiera, hazaña notable, sacar lo esencial de su propio fondo, aunque solo fuera indagando el mecanismo de su mente. Una suerte de introspección... intelectual.

Muy acertada la observación que hace usted sobre mis restos de cristianismo y la repulsión que habrían inspirado. ¿Qué habría entendido él de mi obsesión por el pecado original? Está en la base de todo lo que concibo y de todo lo que veo y compruebo. Huelga decir que esta tara inicial, sin la cual no se puede explicar el hombre y sus [...], no es como la imagina el creyente. Da igual, porque

---

[255] Escritor francés nacido en 1943, muerto en 2022.

para mí cumple la misma función que le atribuye la Biblia. Valéry no tenía una visión idílica de la historia; no obstante, estaba lejos de haber percibido todo lo que esta encierra de innombrable e innombrablemente siniestro. No estaba lo bastante maduro, podía reflexionar sobre el desarrollo de la historia sin necesidad de remontarse al primer Pecado, al origen de nuestra caída.

Lleva usted razón: soy un espíritu *cristiano*, aunque solo sea por no querer serlo. Siempre se es lo que se combate y sobre todo lo que no se querría haber sido nunca. Odio al hombre y quiero que desaparezca sin dejar rastro. Con una inconsecuencia que me reprocho, siento piedad por casi todo el mundo, y este sentimiento es una debilidad contra la que es inútil luchar. Mi admiración por Satanás (¡!) es más teórica que otra cosa. Me atrae, pero soy indigno de él: [...] empantanado en remordimientos, en todo lo que aprecia el Hijo o más bien el Muerto, por usar el lenguaje del Apóstata.

Un saludo cordial,

138 — A AUREL CIORAN

París,
27 de febrero de 1980

Mi querido Relu:

Tu carta de Păltiniş es una incriminación excesiva contra ti mismo. A dos kilómetros de Şanta, de ese paraíso perdido, en vez de soñar con nostalgia haces examen de conciencia y denuncias «infamias» que no has cometido, como un auténtico verdugo de ti mismo. Yo eso lo conozco un poco, pero nunca he llevado tan lejos como tú ese encarnizamiento suicida. Deja de odiarte, de echarte encima todas las fechorías y todos los crímenes. Solo podrás curarte si recuperas tu sonrisa y cierto aire despreocupado. Me entristece mucho saber que eres desdichado, que te asaltan ideas negras, que no tienes voluntad ni deseo y te sumes sin remedio en la desesperación, ese *blestem*[256] que enve-

---

[256] En rumano, «maldición».

nenó mi juventud. Todo el mundo te da cariño y ¿qué haces tú? Quieres convencer a tus amigos de que se equivocan contigo, de que no mereces su aprecio ni su lealtad. Trata de ser tu propio lector, porque tu enfermedad es de las que solo pueden vencerse analizándola y teniendo conciencia de ella en cada momento. No olvides que la felicidad de los que te rodean depende de ti, de tu curación. Tú no eres *culpable* de nada. ¡Cómo me gustaría convencerte de tu inocencia!

Cu drag,

LUȚ

139 — A CLÉMENT ROSSET[257]

París,
23 de abril de 1980

Querido Clément Rosset:

He leído a Tácito por vicio, por necesidad de asfixia, por una secreta afición a la opresión, lo he leído con complicidad, quería ahogarme como él, revolcarme como él en el horror. Las páginas que usted le ha dedicado[258] son brillantes e implacables. No obstante, ¿qué escritor resistiría la doble agresión de la autopsia y la ironía?

Gracias por *Le Réel, L'Objet singulier* y por esa *Lettre sur les chimpanzés*, que ya conocía.[259] Me habría gustado denunciarlo —con admiración— en *Critique*, pero el desfallecimiento de mi hermano[260] me ha desmoralizado a tal punto que en este momento me resulta imposible escribir algo persuasivo y coherente. Además, ¿no se ha dado cuenta de que nuestros contemporáneos ya no leen libros sino solo reseñas? Alguien que lo conozca bien

---

[257] Filósofo francés nacido en 1939, muerto en 2018.
[258] Véase Clément Rosset, *Le Réel. Traité de l'idiotie*, París, Éditions de Minuit, 1978, pp. 91-94.
[259] La *Lettre sur les chimpanzés* de Clément Rosset es de 1965; *Le Réel. Traité de l'idiotie* y *L'Objet singulier* son de 1978 y 1979, respectivamente.
[260] Aurel Cioran se sumió en una fuerte depresión, debida en gran medida a la Securitate y las condiciones de vida en Rumanía.

debería hacer su semblanza, porque, y es el mejor elogio que se le puede dedicar a un autor, no se le puede leer sin preguntarse quién será este desmoralizador y cómo ha logrado dar un aire impersonal a sus furores.

Hasta pronto, espero.

Un cordial saludo,

E. M. CIORAN

140 — A FRIEDGARD THOMA[261]

[París],
Domingo de Resurrección [19 de abril de 1981]

Querida Friedgard:

Es temprano. Ya no podía seguir revolcándome en la cama como un gusano, he tenido que levantarme (que resucitar, casi, pero no es el caso) para enviarle una pequeña confesión. Ayer pasé todo el día con un *cafard*[262] enorme, agravado por dolores de cabeza. El cielo estaba anormalmente azul, di un paseo inútil, hasta quise entrar en una iglesia (Saint-Séverin), no pude, compré en la librería de al lado un libro sobre los trapenses, no pude leerlo. Por la noche, afortunadamente, larga y agradable conversación con dos buenos amigos, un corso y una libanesa. De vuelta a casa a la una de la madrugada he dormido unas horas, me he despertado temprano, y ha sido entonces cuando el suplicio ha empezado. He pensado en usted y en todo lo que habría podido pasar el jueves por la noche... si no se hubiera resistido. La oía suspirar y llorar. Durante más de una hora las escenas más íntimas se sucedieron en mi mente con tal precisión que tuve que levantarme para no volverme loco. Hablamos demasiado, y solo comprendí claramente mi atracción sensual por

---

[261] Friedgard Thoma (1946-2022) escribió a principios de 1981 una primera carta de lectora admiradora a Cioran, comienzo de varios meses de correspondencia. Se vieron en París a mediados de abril.

[262] «Ideas negras». En francés en el original alemán.

usted cuando hube admitido por teléfono que me gustaría enterrar mi cabeza bajo su falda, para siempre. Qué mortales pueden ser *ciertas* cosas. (Todo empezó con la foto,[263] es decir, con sus ojos).

Usted se asustó un poco cuando hablé de una inclinación «perversa» por su cuerpo. *Perversa* no era la palabra adecuada; quería decir *picante* [*scharf*]. Soy muy normal; pero los estados intensos exigen expresiones *no* naturales. Creo (puede que me equivoque) que habría estado menos obsesionado esta mañana si usted hubiera sido más *amable* conmigo. Al fin y al cabo nos conocemos desde su primera carta.

Ahora me gustaría recuperarme, sea como sea, temo las decepciones futuras así como los terribles celos. La idea inevitable de verla con su amigo durante estas malditas vacaciones de Semana Santa y después es para mí más de lo que puedo soportar. Para librarme de ese suplicio tengo que tratar de superar mis obsesiones y quizá pensar en usted *de otro modo*. En general, por las mujeres de las que me siento espiritualmente cercano no tengo inclinación sexual. Con usted me gustaría hablar de *Lenz*[264] en la cama. Qué pena que no viva sola en alguna parte de los alrededores. La alegría de haberla conocido ha resultado ser un sufrimiento y hasta un duro golpe. Me gustaría terminar con un aforismo irónico, pero no puedo.

Suyo, E. M. C.

Acabo de tener a mi amiga al teléfono, hemos hablado de usted y de Sils-Maria, donde ella está decidida a ir en mayo o junio. Le diré lo que por ahora es lamentablemente cierto, a saber, que solo tenemos una amistad intelectual.

---

[263] La primera carta que Friedgard Thoma envió a Cioran contenía una foto, un retrato de la joven.

[264] En su primera carta a Cioran, Friedgard Thoma comparaba su obra con *Lenz*, de Georg Büchner, y con Robert Walser.

[En el reverso, al margen:] Como ya le he dicho, hace tiempo renuncié a mi nombre de pila. Todos mis amigos me llaman solo por mi apellido.

141 — A FRIEDGARD THOMA

Baden-Baden,
10 de mayo de 1981

Mi querida gitana:

Porque usted se me apareció así en la estación.[265] En el tren lo primero que leí fue «A quién sino a ti»,[266] y desde la tercera página tenía, como Leontin,[267] los ojos llenos de lágrimas, no... petrificadas, sino bien vivas.

Desde que fui expulsado del paraíso pienso en usted cada segundo y no puedo pensar en otra cosa. Baden-Baden es bonito, pero no consigo interesarme por la «belleza del mundo». Ahora lo que me gustaría sería volar a Patagonia, lejos, muy lejos de usted, en el polo opuesto. Hace una hora he encontrado la palabra que andaba buscando ayer, u hoy, en vano: el *leproso*, es decir, no estar ya con usted, no oír sus suspiros... Después de muchos años tengo de nuevo ganas de beber. ¿Cómo ha llegado un escéptico profesional como yo a una actitud tan poco escéptica? Es preciso que vuelva inmediatamente a París, al frenesí que reina allí, para distanciarme un poco de mí mismo. ¿Sabe que he estado tentado de ir a Zúrich para conocer a esa desconocida que espera desde hace años un suicidio común? He osado creerme más desprendido que el Buda, y ahora mis ilusiones me han castigado. He representado demasiado la comedia de la sabiduría. Había que ponerle fin y me alegra que usted haya contribuido a ello. Su *hospitalidad* ha sido incomparable. He vivido como un rey, durante

---

[265] Cioran acaba de separarse de Friedgard Thoma después de pasar tres días con ella en Colonia.
[266] Dedicatoria de Hölderlin a Suzette Gontard en su segundo volumen de *Hiperión*.
[267] El hijo de Friedgard Thoma, de diez años.

dos días. ¿Qué más puedo esperar en este mundo de simulación?

Si quisiera hacerme el placer de escribirme cosas personales, le aconsejaría utilizar esta dirección: Emile Cioran / Bureau de poste / Poste restante / rue Cujas / París 75005. El nombre de pila es indispensable. Muchas gracias por todo,

Suyo,

E. Cioran

142 — A Friedgard Thoma

Ouchy [Lausana],
12 de mayo de 1981

Querida Friedgard:

¿Recuerda el estrecho paseo a la orilla del lago? Debido al frío, esta mañana no había casi nadie. Solo yo, con mis lágrimas. Nunca había derramado tantas (¡!) (¿¿¿???), sin la menor posibilidad de tomármelo a risa. No entiendo qué es lo que sigo buscando en este mundo donde la felicidad me hace aún más desdichado que la desdicha. Usted se ha vuelto tan importante para mí que me pregunto *cómo* va a terminar nuestro encuentro. Me gustaría refugiarme con usted en una isla desierta y llorar todo el día.

Este lugar se ha vuelto de repente muy querido para mí porque usted lo conoce y lo ama.

¿Cómo iba a imaginar que sufriría tanto por su causa? Aunque debo tener la sinceridad de reconocer que su foto me había provocado una especie de miedo atractivo. Luego vino a París y, en el Carnavalet, habló de su amigo, lo que yo consideré mi primera derrota.

Ayer habría tenido que volver a Colonia,[268] tal como me propuso. Todo lo que me aleja de usted es un exilio. Será preciso que encuentre una forma de «serenidad» para no derrumbar-

---

[268] Donde vive Friedgard Thoma.

me. Sin embargo, esta caída que le debo se me hace necesaria e inesperada.

Suyo,

CIORAN

Dentro de una hora me voy a París...

143 — A FRIEDGARD THOMA

[París, 21 de junio de 1981]
Domingo, ocho de la tarde

Tumbado en una alfombra balcánica y lleno de recuerdos *vívidos*, me sumí en pensamientos insensatos de los que ni siquiera pudo librarme el cuarteto de Schumann. Solo su voz ha podido hacer ese milagro. Ahora soy otra persona: la que se rio tanto con usted en ese momento único. Nunca pude prever que *alguien* tendría ese papel a estas alturas de mi vida. La fatiga parecía ser mi única compañera. Lo sigue siendo, en verdad, pero por suerte usted le hace una peligrosa competencia.

Soy vulnerable, y nadie me puede herir con tanta facilidad como usted. Basta una palabra. El mal humor que se apoderó de mí esta tarde era terrible. ¡Usted me había dicho cosas desagradables en ese maldito café, antes de nuestra separación! Pero dejemos eso.

Lunes por la mañana.

Esta mañana, el voluptuoso revoltijo de los recuerdos. Y justo después su voz. Desde que la conozco creo en el PROGRESO: gracias al teléfono. Aunque tampoco me he convertido en un adorador de la marcha hacia delante, es decir, que nunca juzgaría a un escritor por sus ideas políticas. Poco se me da que Chateaubriand fuera o no reaccionario; son las mujeres que lo rodean las que me interesan, sobre todo su hermana Lucile y después la tierna madame de Beaumont.

La sobrepolitización de las mentes es una catástrofe sin precedentes. Es mejor el dilentantismo que la ideología, es mejor no vincularse a nada —

Pero ¿por qué no soy diletante con usted? Sus ojos me han convertido en un fanático. Qué dulce[269] caída.

Suyo,

C

144 — A Nicolas Tertulian[270]

París, 3 de julio de 1981

Mi querido amigo:

Gracias por su artículo tan objetivo y comprensivo. Ya conoce el bochorno casi insoportable que siento al recordar las extravagancias que soltaba durante mi existencia anterior. Reacciono ante ellas como una mujer que tiene un pasado...

Hace bien en insistir en el aspecto filosófico de mis excesos, porque el aspecto político habría sido lamentable y, a decir verdad, anodino. En esa época de mi vida era cuando tendría que haber leído a los escépticos. Aunque con mi histeria de entonces, ¿los habría entendido? Seguramente no. Somos víctimas de nuestro temperamento, que nos dicta nuestras elecciones. ¡Qué desastre!

Ahora bien, ¿sabe que, en efecto, fue en diciembre de 1937 cuando llegué a París en calidad de becario del Institut Français de Bucarest? De modo que más de la mitad de mi vida ha transcurrido en este infierno único.

¿Qué planes tiene? ¿Los alemanes le han propuesto algo serio y duradero? Haga lo imposible por encontrar una solución *aquí*.

Espero tener el placer de volver a verlo pronto para dar un paseo por el [Jardín de] Luxemburgo.

Un afectuoso saludo,

E. Cioran

---

[269] La próxima vez usaré un adjetivo mejor. (*N. del autor*)

[270] Nicolas Tertulian (1929-2019), filósofo francés de origen rumano. Acababa de publicar en la *Quinzaine littéraire* un artículo sobre «La période roumaine d'E. M. Cioran» [«El periodo rumano de E. M. Cioran»].

145 — A Friedgard Thoma

París,
17 de julio de 1981, once de la mañana

Querida Friedgard:
Acabo de releer su carta impregnada de poesía, y he llorado (¡lloro tanto desde que la conozco!). Ayer leí una cita del *Maitry Upanishad*: nuestro cuerpo es un «amasijo de lágrimas».[271] Hace cuatro meses, antes de su primer viaje hasta aquí, no habría podido confirmar esta aseveración con mi propia experiencia. ¡Qué loco, qué bello, qué extraordinario es! Siempre he tratado de liberarme de la «criatura». La soledad era mi religión. En realidad, siempre me he sentido solo, aunque con excepciones: la más rara es aquella por la que estoy pasando hoy.

Usted se ha convertido en el centro de mi vida, la diosa de un hombre que no cree en nada, la mayor felicidad y la mayor desgracia que he tenido. *Oder?*[272] Cuando usted pronuncia esa palabrita, aun muerto resucitaría de inmediato.

Después de haberme burlado durante muchos años de esas... cosas como el amor (*et cetera*), tenía que recibir algún tipo de castigo, y así ha sido, pero no lo lamento. La desviación es el punto principal de mi programa. De todos modos aún me queda un resquicio: usted tiende a vivir *al margen*, aunque solo sea un poco, y esta concesión ya significa mucho, al menos para mí. Me considero un marginal, e interiormente reaccionaría como tal aunque me tradujeran a todas las lenguas del mundo, incluida la de los caníbales.

---

[271] *Maitry Upanishad*, I, 3: «Oh Señor, en este cuerpo que apesta y no tiene sustancia, en este amasijo de huesos, piel, músculos, médula, carne, esperma, sangre, mocos, lágrimas, legañas, excrementos, orina, viento, bilis y flema, ¿qué sentido tiene satisfacer el deseo?».
[272] En alemán, «¿si no?», «¿no es así?».

Las dos últimas líneas de Eichendorff y las otras: «Una estrella»,[273] se adecuaban perfectamente a mi humor del Catorce de julio. Usted y yo ciertamente compartimos un mismo lado «nocturno», y cuando pienso en esta riqueza común, ¿cómo quiere que esas malditas lágrimas no vuelvan a apoderarse de mí?

Suyo,

C

146 — A FRIEDGARD THOMA

[París,
24 de julio de 1981]

Viernes por la mañana, después de su llamada.

«Te echo de menos» se dice en rumano: *Mi-e dor de tine. Dor = Sehnsucht*, viene de *dolor*. Y en efecto, ¿acaso *sehnen* no es otra cosa que *Sucht*?[274] Un sufrimiento, no, un martirio imperioso.

Después de varios años enfermizos, la música y la poesía han vuelto a mi vida gracias a usted. El peligro es enorme, por suerte.

Se lo agradezco.

C

147 — A LILIANA HERRERA[275]

*París,
12 de febrero de 1983*

Señora o señorita:

Gracias por su amable carta. Mi respuesta va a decepcionarla, pero espero que no me juzgue demasiado mal.

---

[273] Alusión a estos versos de Joseph von Eichendorff (citados en la carta anterior de Friedgard Thoma): «Es spielten die Musikanten, / Da fiel ich hin im Feld», «Los músicos tocaban, / cuando caí en el campo» («Regreso», 1810); «Ein Stern still nach dem andern fällt / Tief in des Himmels Kluft», «Una estrella cae silenciosamente tras otra / en el profundo abismo del cielo» («Canción de la mañana», 1826).

[274] *Sehnen*: «languidecer»; *Sucht*: «dependencia», «adicción». Sobre el *dor* véase más arriba, p. 170, n. 188, y carta 112, p. 177.

[275] Filósofa colombiana nacida en 1960, muerta en 2019.

Durante largos años he mantenido una correspondencia muy activa con amigos y desconocidos. Escribir, para mí, era escribir cartas. Era una auténtica pasión; lamentablemente me ha abandonado, y ahora me siento incapaz de mantener relaciones epistolares seguidas. No olvide que tengo cierta edad, con todo lo que implica de renuncia. Cansado de mí mismo, también lo estoy de mi... obra, si es que puedo usar esa palabra tan pomposa para nombrar unos intentos más o menos fallidos.

Saludos cordiales,

E. M. CIORAN

P. D.: En la misma carta le envío un pequeño texto sobre Valéry que le divertirá.[276]

148 — A EDMOND JABÈS[277]

París,
14 de febrero de 1983

Querido Edmond Jabès:

Cuando leía *Récit* y *Le Petit Livre* me decía que sería importante saber en qué circunstancias escribió usted tal o cual pensamiento. Puede que esta curiosidad parezca ingenua. Pero se nota que sus reflexiones, sus versos o sus fórmulas son la culminación de un proceso, y uno trata de imaginar dicho proceso sin lograrlo. Esta imposibilidad no perjudica la lectura, al contrario, la excita. Y entonces se le agradece al autor que guarde para sí el secreto de su mano a mano con las presencias últimas.

E. M. CIORAN

---

[276] Probablemente «Valéry ou les méfaits de la perfection» (1971), que Cioran reprodujo en varias publicaciones de los años ochenta; véase Nicolas Cavaillès, Barbara Scapolo, *Cioran et Valéry. L'attention soutenue*, París, Classiques Garnier, 2016, pp. 179-182.

[277] Escritor judío nacido en Egipto en 1912 y muerto en París en 1991.

149 — A Pierre Chabert[278]

París,
10 de agosto de 1985

Querido señor:

Debo confesarle que tengo un prejuicio contra todo lo que se parezca, de cerca o de lejos, a un número especial. ¿No es mejor que la gente lea a Beckett en vez de leer sobre él? He observado que el lector, por este vicio extraño, a menudo prefiere el acceso indirecto, el comentario de la obra, al contacto directo.

Como no es mi caso, me encuentro en la imposibilidad de participar en su número, aunque espero con impaciencia su publicación.

Un cordial saludo,

E. M. Cioran

150 — A Arşavir Acterian

Dieppe,
13 de julio de 1986

Querido Arşavir:

Te quejas de que la memoria te abandona. Yo conozco esa *meteahnă*.[279] La vejez es una humillación constante. Se me han quitado todas las ganas de expresarme, de escribir, de ir de perdonavidas. Siempre se muere demasiado tarde. Cuando se ha entendido el sentido de la palabra *deşertăciune*,[280] no hay nada en este mundo que te pueda contentar. *Umbră şi vis.*[281] Eugène [Ionesco] entiende estas cosas. Mircea [Eliade] también las entendía, pero como erudito. El asunto de las religiones, ¡qué error!

---

[278] El poeta Pierre Chabert (1914-2012) prepara a la sazón una separata para la *Revue d'esthétique* dedicada a Samuel Beckett.
[279] «Deficiencia».
[280] «Vanidad», «vacuidad».
[281] «Sombra y sueño».

El espectáculo del mar es más enriquecedor que la enseñanza del Buda.

Cu toată dragostea,[282]

EMIL CIORAN

151 — A FERNANDO SAVATER

París,
8 de agosto de 1986

Mi querido amigo:

Por un momento me rondó la cabeza la idea de escribir unas páginas sobre la sexualidad. Después de reflexionar he decidido renunciar, porque ese asunto requiere una disposición especial, mucho humor e incluso alegría, de lo contrario se corre el riesgo de plagiar a Schopenhauer. Y además Céline ya dio con la fórmula definitiva. Me resultó muy divertido, en mi juventud, leer en *Viaje al final de la noche* que el amor era el infinito al alcance de un caniche. ¿Qué más se puede decir?

Hablemos ahora de cosas más serias. La dirección de *El Urogallo* debe pagar a mi traductor y solo a él: Rafael Panizo.

Después, una observación personal. ¿Por qué, en lugar de E. M. Cioran, han escrito ese infame Émile Michel? ¿Y por qué, también, al lado de la emperatriz, se publica una foto mía en la que parezco un asesino?

¿Objeciones frívolas? Es verdad... Pero este tono es inevitable después de haber mencionado un tema tan equívoco como la sexualidad.

Me alegra que volvamos a vernos en octubre.

Saludos cordiales,

E. M. CIORAN

---

[282] «Con todo mi afecto».

152 — A Ileana Cornea[283]

París,
26 de enero de 1987

Querida señorita:

Muchas gracias por su carta. La mía, lamentándolo mucho, solo podrá decepcionarla. A mi edad cualquier respuesta es inevitablemente negativa. Todos los días recibo un promedio de cinco cartas y otros tantos libros. Mi tiempo lo devoran los demás. Más me habría valido hacer la carrera de *cioban*[284] en las montañas de Răşinari, mi pueblo. Cuando me marché de allí con diez años tuve el presentimiento de que caía en la desgracia. Mi «filosofía» solo puede aportarle incertidumbre, confusión y zozobra. Déjesela a los occidentales, que de todos modos están echados a perder.

Saludos cordiales,

Cioran

153 — A Marin Mincu[285]

París,
25 de diciembre de 1988

Dragă Domnule Mincu:

Gracias por su amable carta, que he releído hace dos días. Enseguida me he puesto a escribir el texto sobre *Rugăciunea unui Dac.*[286] ¿Puedo pedirle un gran favor? Me gustaría que las pruebas de imprenta las corrigiera alguien que conozca muy bien el francés, de lo contrario los errores fatales acabarían deslustrando el texto. Las erratas me dan un miedo enfermizo y casi grotesco.

---

[283] Ileana Cornea (nacida en 1959), crítica de arte francesa de origen rumano, a la sazón estudiante de filosofía.

[284] En rumano, «pastor».

[285] Marin Mincu (1944-2009) acababa de pedirle a Cioran una contribución para un libro sobre Eminescu, *Eminescu e il romanticismo europeo* (Marin Mincu y Sauro Albisani [dir.], Roma, Bulzoni, 1990).

[286] «La oración de un dacio» (véase más arriba, p. 171, n. 193).

Paso ahora al delicado asunto de *Schimbarea la față* [*a României*] [*Transfiguración de Rumanía*], libro escrito en 1935. Por lo tanto, solo contaba veinticuatro años. Tiene todos los defectos de la inexperiencia y del orgullo, de un orgullo provocador y desesperado. ¿Sabía usted que antes de la guerra los húngaros lo citaban extensamente en su propaganda antirrumana?

Lo que me molesta es que contiene demasiadas afirmaciones inútilmente cínicas, insolencias gratuitas, estupideces que se decían entonces. Reniego por completo de una gran parte, marcada por los prejuicios de la época, considero inadmisibles ciertas afirmaciones sobre los judíos. Le confesaré algo: el capítulo «Un pueblo de solitarios» que figura en *La tentación de existir* es una respuesta a ciertas páginas de *Schimbarea*. Siempre he admirado a los judíos a la vez que envidiaba que tuvieran un destino, en el sentido positivo, se entiende, mientras que el nuestro es sinónimo de fracaso.

Si le escribo todo esto es para que renuncie a la idea de encargar la traducción del libro al italiano. Estoy demasiado cansado de mí mismo y de todo para volver a enfrascarme en estas extravagancias mías de más de medio siglo de antigüedad a fin de denunciarlas o justificarlas ante mis contemporáneos.

Si Fulvio Del Fabbro desea traducir un libro mío, hay tres: *Pe culmile disperării* [*En las cimas de la desesperación*] (1934), *Cartea amăgirilor* [*El libro de las quimeras*] (¿?) y *Amurgul gândurilor* [*El ocaso del pensamiento*], escrito en 1938 en París, el único cuyo estilo tiene un nivel indiscutible.

Cu cele mai bune salutări și la mulți ani,[287]

Cioran

---

[287] «Un cordial saludo y feliz Año Nuevo».

154 — A Alina Diaconú[288]

París,
2 de abril de 1989

Querida amiga:

Tiene suerte de vivir en la otra punta del mundo. Pero nosotros, que nos encontramos aquí, muy cerca pese a todo de nuestros orígenes, estamos al corriente del infierno natal. De modo que al drama de existir se suma el de pertenecer al más desdichado de los pueblos. No hay nada más humillante que oír a la gente —y vaya si se oye: Rumanía, desde hace algún tiempo, está... ¡de moda!— hablarte con piedad y un dejo de desprecio por una etnia que lo soporta todo sin rechistar.

Dejemos este asunto. Gracias por preocuparse de nosotros en la otra punta del mundo.

Saludos cordiales a los dos,

Cioran

155 — A Alice Laurent[289]

París,
2 de abril de 1989

Querida señora:

Léon Chestov me hizo un favor considerable: me libró de la idolatría de la «filosofía». Debería añadir: de todas las idolatrías. Llegado a Francia en 1937, me habría gustado conocerlo, pero no me atreví a molestar a un solitario sin igual.

A riesgo de decepcionarla, en esas jornadas me limitaré a ser un espectador. La culpa es del propio Maestro, que me enseñó el arte de mantenerme al margen de todo.

Reciba un cordial saludo,

E. M. Cioran

---

[288] Crítica literaria argentina de origen rumano, nacida en 1945.
[289] Sobrina nieta del filósofo Léon Chestov (1882-1938).

156 — A Vincent La Soudière[290]

París,
22 de julio de 1989

Querido amigo:

No estoy triste, solo cansado de todo lo que una vez deseé.[291]

Estos versos de un poeta inglés injustamente olvidado me los repito a menudo desde hace mucho, desde siempre, pero sobre todo desde hace algún tiempo. He tomado la decisión de renunciar más o menos a toda clase de actividad, en primer lugar a escribir. Lo que tenía que decir, mal que bien, lo he dicho; ¿para qué insistir? Hay que mirar las cosas a la cara: soy viejo, y eso es una humillación constante. Se acabaron los proyectos, se acabaron las ganas de viajar, se acabó todo. Evidentemente, es cuestión de sensatez, pero la sensatez es una disminución y casi una derrota.

Nos veremos, quizá, cuando usted termine sus curas.

Saludos cordiales,

Cioran

157 — A Norman Manea[292]

París,
18 de octubre de 1989

Dragă Domnule Manea:[293]

Gracias por su amable carta. Me gustaría decirle lo mucho que aprecio su artículo sobre el infierno rumano. Salí en 1937

---

[290] Poeta nacido en 1939; víctima de trastornos nerviosos y de un desequilibrio psíquico, se arrojó al Sena en 1993.

[291] Traducción de una estrofa del poema *Spleen* de Ernest Dowson (*Verses*, 1896), que fascinó a Cioran durante varios decenios (véase *Cahiers, 1957-1972*, París, Gallimard, 1997, p. 32).

[292] Escritor rumano nacido en 1936, emigrado a Nueva York en 1988.

[293] En rumano: «Querido señor Manea».

de ese país *nefericit*[294] y es con diferencia lo más inteligente que he hecho. En 1934 había pasado un mes en París. Fue un flechazo. De vuelta a Valaquia, hice lo posible por regresar a Francia. Como usted tiene ahora la misma intención, me permito hacerle una sugerencia: procure frecuentar asiduamente el Institut français d'Amérique (es lo que yo hice entonces en Bucarest...) con vistas a obtener una beca de un año. Lo demás llegará por sí solo. París es el lugar ideal para desperdiciar la vida. Es lo que llevo haciendo con éxito desde hace cincuenta y un años.

Un cordial saludo,

CIORAN

158 — A JOAN MARÍN TORRES[295]

París,
8 de septiembre de 1990

Estimado señor:

Le doy las gracias por su imponente tesis, de la que le diré algo cuando haya terminado su lectura.

Como soy el responsable de sus desdichas, supongo que me tendrá manía. Su tesis era una aventura y me alegro de veras de que todavía esté usted vivo.

Un saludo amistoso,

CIORAN

159 — A JOAN MARÍN TORRES

París,
22 de septiembre de 1990

Estimado señor Joan Marín Torres:

---

[294] «Desdichado».
[295] Filósofo español nacido en 1959. Acababa de mandar a Cioran su tesis, titulada *El laberinto de la fatalidad (el pensamiento de E. M. Cioran)*, defendida en la Universidad de Valencia.

Aunque mi conocimiento del español deja mucho que desear, he conseguido leer su tesis, si bien confieso que se me han escapado detalles importantes. Se trata, por lo tanto, de impresiones de lectura, pero no de una lectura propiamente dicha (rigurosa).

He admirado su paciencia, su atención al detalle: su tesis es mejor que una tesis, es una investigación exhaustiva, una *operación* que podría haber sido fatal para mí pero a la que he sobrevivido, creo.

Más de un crítico me ha reprochado mis contradicciones. Las hay, y usted también las señala, pero da a entender que son parte integrante de mis divagaciones. Por suerte no es usted profesor, lo que le hace capaz de captar los desgarros interiores y también las incompatibilidades trágicas. A menudo me reprochan, sobre todo en Alemania, el abuso de la provocación, más concretamente de la paradoja. Hay algo cierto en eso, pero durante toda mi vida he padecido un miedo incurable: miedo al hastío, miedo a sucumbir a la dictadura de las evidencias.

Me alegra haber pasado, gracias a usted, unos días importantes en... mi intimidad.

Saludos amistosos,

CIORAN

Dentro de unos días Savater vendrá a París. Una excelente ocasión para que yo hable con él de su libro.

160 — A WOLFGANG KRAUS

París,
27 de octubre de 1990

Querido señor Kraus:

Muchas gracias por su amable carta. Llevábamos muchos años sin escribirnos. Mientras tanto he envejecido y cargo con las consecuencias de esa desgracia. La más importante: basta de libros. Cinco en rumano, diez en francés: ya está bien. Hace mucho tiempo me di cuenta de que los escritores «producen» demasiado. He tenido un arranque de sensatez que no lamento.

Me alegra que venga usted a París y así tengamos ocasión de hablar de nuestras experiencias. Los acontecimientos de Rumanía[296] al principio me entusiasmaron, pero ya no. En ese país todo se ha ido al garete. Esa es su única originalidad.

A Simone y a mí nos encantará volver a verles, a Trude y a usted, a finales del año.

Suyo,

CIORAN

161 — A CORNELIUS HELL[297]

París,
7 de enero de 1991

Querido Cornelius Hell:

Muchas gracias por su carta y mis disculpas de antemano por mi respuesta negativa... Me he hecho viejo, soy casi octogenario. Ya no escribo, he renunciado a todos mis proyectos, casi no hago vida social, me veo obligado a la sensatez. No tengo ganas de ser activo, soy un hombre acabado.

Saludos cordiales.

Suyo,

CIORAN

---

[296] Alusión a la «revolución» de diciembre de 1989 y a la caída de Nicolae Ceaușescu, que permitieron a Ion Iliescu tomar el poder.
[297] Crítico literario austriaco, nacido en 1956.

FUENTES

Fondos de archivo

Biblioteca de la Academia Rumana (Bucarest); Biblioteca Provincial Astra (Sibiu); Bibliothèque littéraire Jacques Doucet (París) para las cartas 49, 52, 63, 67, 84, 88, 91-92, 94, 123; Biblioteca Nacional de Austria (Viena) para las cartas 115, 117, 119-122, 129, 135, 136, 160; Bibliothèque nationale de France (Paris), fondo Clément Rosset/NAF 28123 para la carta 139, fondo Edmond Jabès/NAF 28740 para la carta 148, fondo Pierre Chabert para la carta 149, y fondo Alina Diaconu/NAF 28940 para la carta 154; Biblioteca Nacional de Rumanía (Bucarest); Archives du Conseil National pour l'étude des archives de la Securitate (CNSAS) para las cartas 40, 45, 51; Deutsches Litteratur Archiv (Marbach) para las cartas 71 y 73; Institut Mémoires de l'édition contemporaine (Caen), fondo Jean Paulhan para las cartas 66, 70, 78 y fondo Armel Guerne para las cartas 74-75, 77, 79, 82, 87, 93, 98, 130; Mairie de Monaco/ Médiathèque Communale Louis Notari, fondo Boris de Schlœzer para la carta 56; Archives Schmitt (Düsseldorf)/«Landesarchiv NRW, Abteilung Rheinland», RW 265-2546/2545, para la carta 64; Museo Nacional de Literatura Rumana (Bucarest); Universidad de California, Los Ángeles, para la carta 65; Universidad de Chicago para la carta 80.

Ediciones de la correspondencia de Cioran

Acterian, Arşavir, *Jurnalul unui pseudo-filozof,* Bucarest, Cartea Românească, 1992.

Barbu, Constantin (ed.), *Cioran. Nihilistul privat,* Craiova, Contrafort, 2009.

Bonnefoy, Yves, *Correspondance,* edición de O. Bombarde y P. Labarthe, París, Les Belles Lettres, t. I, 2018, para las cartas 81 y 96. © Les Belles Lettres.

Chevrel, Patrick, *Maxime Nemo 1888-1975. Biographie d'un passeur de lettres,* París, Librinova, 2021, para la carta 61. © Librinova.

Cioran, E. M., *Scrisori către cei de-acasă,* Bucarest, Humanitas, 1995.

— «Despre 'decăderea fiinţei izgonite din poezie'», *Jurnalul literar,* VIII, n.º 13-22 (1997), para las cartas 105, 110, 112, 113.

— *Opere* (t. I-IV), edición de M. Diaconu, Bucarest, FNSA, 2012-2017, para las cartas 1-39, 41-44, 46-48, 50, 53-55, 57-60, 62, 68-69, 90, 95, 99, 101-102, 104, 106, 111, 114, 116, 118, 125-126, 128, 133, 134, 138, 150, 153.

— *L'agonia dell'Occidente. Lettere a Wolfgang Kraus,* edición de G. Guţu, Th. Angerer, G. Kothanek y M. Carloni, y traducción de P. Trillini, Milán, Bietti, 2016.

— «Lettres inédites», *La NRF,* n.º 629 (marzo de 2018).

— *Éparpillements épistolaires,* edición de I. Necula y traducción de N. Tafta, Saint-Benoît-du-Sault, Tarabuste, 2022, para la carta 144. © Centre national du livre.

Cioran, E. M., y Armel Guerne, *Lettres. 1961-1978,* edición de V. Piednoir, París, L'Herne, 2011, para las cartas 83, 85, 89, 100, 103, 107, 109, 130. © Centre national du livre.

Covo, Patrice, *Le Baladin et le Neuroleptique,* París, Exils, 1998, para la carta 137. © Exils.

Itterbeek, Eugène van (dir.), Cahiers Emil Cioran. Approches critiques, Sibiu, Editura Universităţii «Lucian Blaga»-

Lovaina, Les Sept Dormants, vols. VII (2006) y X (2009), para las cartas 147, 158-159.

Jaccard, Roland, *Cioran et compagnie,* París, PUF, 2005, para la carta 132. © Presses Universitaires de France.

La Soudière, Vincent, *Le Firmament pour témoin. Lettres à Didier,* t. III, edición de S. Massias, París, Éditions du Cerf, 2015, para la carta 156. © Éditions du Cerf.

Limet, Yun Sun, y Pierre-Emmanuel Dauzat (dirs.), *Cioran et ses contemporains,* París, Pierre-Guillaume de Roux, 2011.

România Literară, año XXVIII, n.º 31 (9-15 de agosto de 1995), para la carta 86.

Tacou, Laurence, y Vincent Piednoir (dirs.), *Les Cahiers de l'Herne,* «Cioran», 2009, para las cartas 97, 124 y 151. © Centre national du livre.

Thoma, Friedgard, *Pentru nimic în lume. O iubire a lui Cioran* [*Um nichts in der Welt. Eine Liebe von Cioran,* 2001], traducción de N. Iuga, Bucarest, Samuel Tastet, 2005, para las cartas 140-143, 145-146.

VV. AA., «Chestov-Cioran», *Cahiers Léon Chestov-The Lev Shestov journal,* n.º 10 (otoño de 2010), para la carta 155.

Zambrano, María, *Confesiunea — gen literar,* traducción de M. Sipoş, Timişoara, Amarcord, 2001, para las cartas 76 y 108.

Colecciones particulares, para las cartas 127, 131, 152 y 161.

ÍNDICE ONOMÁSTICO

[Las páginas de los destinatarios de las cartas están en negrita].

Este libro
se terminó de imprimir en
Castellar del Vallès, Barcelona,
en el mes de septiembre de 2025

«Para viajar lejos no hay mejor nave que un libro».

EMILY DICKINSON

Gracias por tu lectura de este libro.

En **penguinlibros.club** encontrarás las mejores
recomendaciones de lectura.

Únete a nuestra comunidad y viaja con nosotros.

penguinlibros.club